强绩效模式

从0到1的绩效架构设计

ACHIEVEMENTS

杨文浩 ◎ 著

中华工商联合出版社

图书在版编目(CIP)数据

强绩效模式：从 0 到 1 的绩效架构设计 / 杨文浩著. -- 北京：中华工商联合出版社，2021.11
ISBN 978-7-5158-3154-1

Ⅰ.①强… Ⅱ.①杨… Ⅲ.①企业管理－人力资源管理 Ⅳ.①F272.92

中国版本图书馆 CIP 数据核字（2021）第 195312 号

强绩效模式：从 0 到 1 的绩效架构设计

作　　者：	杨文浩
出 品 人：	刘　刚
责任编辑：	于建廷　王　欢
封面设计：	异一设计
责任审读：	傅德华
责任印制：	迈致红
出版发行：	中华工商联合出版社有限责任公司
印　　刷：	北京毅峰迅捷印刷有限公司
版　　次：	2021 年 11 月第 1 版
印　　次：	2023 年 4 月第 2 次印刷
开　　本：	710mm×1000mm　1/16
字　　数：	220 千字
印　　张：	14.5
书　　号：	ISBN 978－7－5158－3154－1
定　　价：	68.00 元

服务热线：010－58301130－0（前台）
销售热线：010－58301132（发行部）
　　　　　010－58302977（网络部）
　　　　　010－58302837（馆配部、新媒体部）
　　　　　010－58302813（团购部）
地址邮编：北京市西城区西环广场 A 座
　　　　　19－20 层，100044
http://www.chgslcbs.cn
投稿热线：010－58302907（总编室）
投稿邮箱：1621239583@qq.com

工商联版图书
版权所有　侵权必究

凡本社图书出现印装质量问题，请与印务部联系。
联系电话：010－58302915

前　言

很高兴能与你们在《强绩效模式》这本书中相遇。2020年是充满艰难和挑战的一年，如果说抗击疫情的前线是医护人员的战场，那么在后方的千万家企业则是每一个职场精英的战场。回首过去，我们要以什么心态面对来年的绩效？展望未来，企业绩效管理又该何去何从？管理者的心将归何处？在经历百年未遇的大变局之后，这些接踵而来的问题令我们陷入了深深的思考。

一般来说，有关绩效管理的学习都是以线下咨询和辅导为主，而现在我们把这些辅导内容搬到了书本上，通过大量有趣且经典的案例对绩效管理进行讲述和探讨也是一种学习的创新。未来企业如何规划战略目标，做好新一年的目标分解？要怎样组织工作计划落地，设定绩效目标？如何激励团队绩效以及调整团队心态？这本书所要讲述的内容将围绕"六元八表"，即：六个章节维度，八张绩效分析套表，帮助我们更好地理解和思考绩效问题。在阅读和学习这本书的内容时，我们将一起探讨企业绩效的理论知识和实操技巧，为企业绩效的发展查漏补缺、锦上添花。

老祖先有句经典名言：凡事预则立，不预则废！这寥寥几个字却道出一个颠扑不破的道理，很多事情不是能不能做，而是你首先得明白自己愿不愿做。就像职场上很多年轻人一样，他们在很多事情上没有主动性不是因为没有能力，而是缺乏兴趣，不愿意做，他们在自己感兴趣的方向上一定也会努力奋斗。所以，今天当你要开始学习这本书的内容时，就要迅速开始制定工作计划，并在学习的过程中有效执行。

本书将从绩效的"刚"与"柔"两个维度展开，用六个章节、八张表格贯穿始终。"六元"讲的是绩效柔性思想的一面，"八表"则讲的是绩效目标刚性的一面。通过对本书的阅读、理解和学习，大家或许能在当下环境和企业中更好地理解使命、远景、目标、计划之间的关系；掌握企业绩效目标管理的流程和方法；熟练运用绩效刚性考评流程设计、考评工具设计；收获企业绩效柔性改进思维，掌握员工辅导技术和方法，从而可以刚柔并济地复盘管理实现，企业赋能型效能提升。

绩效的前世今生究竟是怎样的？

如果想要溯源，那就需要从 HR 问诊的模型（如图）谈起。在人力资源管理领域，我们常常会发现大家有着很多困惑，只从历史层面来看，我国的人力资源管理历史渊博，可以追溯到古代的儒家、法家思想，它们都有对人管理的思维探讨，但是要从管理工具规范方面来讲，也确实令人纠结。很多人力资源管理规范的工具和方法基本都来自西方。因为，我们国家经过了计划经济的人事管理到改革开放后的人力资源管理，到战略人力资源管理，再到今天互联网时代的人本管理这一系列管理的发展、变化。每一个 HR 在自己的工作中都是摸爬滚打、一路摸索过来的，是摸着石头过河的。

这么多年回过头来再看人力资源管理，我们会发现它讲的其实就是几件事——平衡、匹配、赋能、评估、激活、和谐。一个企业要讲人力资源平衡，

| 前 言 |

其实就是人力资源的供与需是否平衡的问题。那么企业中供与需平衡吗？我们发现，供需永远都是不平衡的。平衡就等于静止，等于死亡。如果有哪个企业说自己的供需是平衡的，那一定是有问题的，因为市场是变化的，环境也是变化的，企业在市场运作过程中，带来的供需结果自然是不会静止平衡的。

一个HR问诊的模型的来源

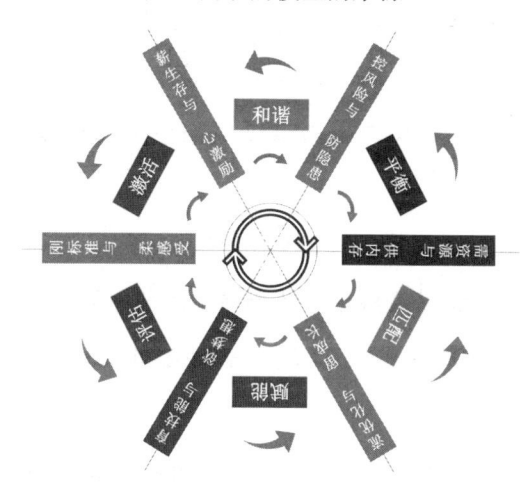

HR 问诊导图

正向循环-常态HR：外：控流育刚薪
　　　　　　　　　内：防留欲柔心

逆向循环-逆境HR：外：控薪刚育流
　　　　　　　　　内：防心柔欲留

内正反循环：以**人**为先

外正反循环：以**事**为纲

既然无法平衡，那么就产生两种结果。要么供大于需，要么供小于需。当供大于需时怎么办呢？当供小于需时又该怎么办呢？有人说如果供大于需，企业就选择裁员；如果供小于需，企业就选择招聘。但真的这么做，是不负责的。对于一个企业而言，组织成员的频繁流动变化是一种很不稳定的状态，企业文化的发展传承问题，企业对人才培养的投入问题以及很多潜在风险都将在这样的不稳定状态中出现，这对企业的长久发展也会造成很大影响。既然供需不平衡，那么我们就要研究供需不平衡的原因，以获得更好的解决方案。

当供大于需时我们需要优化，当供小于需时我们也要优化，而优化的过程就是提升人力资本的价值效能。为了更好地研究价值效能，首先需要研究一下匹配的问题，也就是研究人才或者人力资源在企业中要如何匹配。作为管理者，我们总是在讲人力资源应该与岗位相匹配，但往往没有对人力资源进行深入挖掘。

人力资源身上是具备人力资本的，何为人力资本呢？其实，简单讲人力资本就是人身上的体能、知识、技能、思想等要素，这些都是人力资本的附加值。企业中不同的组织成员并不是拥有完全一样的人力资本，在相同的资本上也会有高低之分，但无论如何这些人力资本永远在组织员工的身上，企业是拿不走的。所以，我们要研究人与人的匹配、人与岗的匹配、岗与岗的匹配时，就得先研究人与人、岗与岗、人与岗之间的知识、技能、体能和思想等方面的匹配。

在匹配之后，我们会发现那些人人、人岗、岗岗匹配的人将被留下来，而那些不合适的人则会被流出去。于是这就变成了"留与流"的关系了。但是，我们研究过很多企业，发现它们很多的人人、人岗、岗岗之间都是不匹配的。这时该怎么办呢？

既然企业人力资本不匹配，那么我们就需要让其匹配。匹配的方式通常有两种：企业招聘到合适的人或者企业自己培养出合适的人。招聘合适的员工，只能解决暂时的问题，特别是大多数企业并不会大规模地对外招聘，所以这就使得在很多情况下，内部培养显得尤为重要。所以，这就意味着企业要对现存的人力资源中的潜质人力资本，即那些有人力资源潜力的组织成员进行赋能。

企业人力资本赋能指的是通过组织流程的有效设计，使得企业的组织成员能够敏捷、有效地完成工作目标，进而有效达成组织使命和战略目标。俗话说："缺锌补锌，缺钙补钙"。企业赋能也是一个补的过程，那就是"育"与"欲"。"育"是培育技能，"欲"是培养欲望，欲望也可以理解为员工所追寻的目标、梦想。很多情况下，企业把培育技能作为重心，但他们实际忘记

| 前 言 |

了——育梦想才是核心。当组织成员认可自己所在的组织,坚信组织可以成就他的成长梦想时,那他在组织中学习技能的动力将是无穷的。

所以,赋能过程中,管理者要从梦想出发,去点燃组织成员的知识、技能等人力资本。因为,如果我们点燃了梦想,那组织成员在培训过程中的技能、知识等资本就会通过其自动自发学习而得到不断提升。

当我们把组织成员培育出来,就要研究该如何对他进行评估。在本书中,我们用于评估企业培养员工的刚标准、柔感受,是围绕着"六元"和"八表"展开的。之前一直提到的"六元八表定绩效"就是绩效管理的核心,"刚标准"就是八表、"柔感受"就是六元,所以在本书中,我们将从六个维度来介绍原理,并分享八张表格的应用。

我们都知道,人力资源之所以重要是因为组织重视绩效。可以说人力资源是"母凭子贵"吧,而绩效作为人力资源核心的管理模块一直是重心部分,本书内容就是要探讨如何解决人力资源的核心问题。所以,我们首先阐述"人力资源管理问诊模型"。

作为管理者,我们在评估后还需要去激活那些被我们评估过的组织成员。激活的过程就是薪酬与心情的问题,薪酬虽然能让人能生存,但人内心的情感又该如何安置呢?薪酬是保生存的,但情感却是靠激励的。在激励组织成员的过程中,我们总会发现绩效"柔"的方面被不断体现,即"六元"中的内容被不断展现出来,这对组织成员心态的激励是特别有益的。刚标准则决定了组织成员的目标达成、薪资、技术水平等问题。最终,当这五个模块做完之后,企业整体会达到一种和谐。

所谓的和谐就是控风险、防隐患。HR问诊模型所示的内容就是常规人力资源的一个循环。从这个循环中我们可以看到,正循环和反循环都是可以运作的,无论是正向还是反向,它都是可以解决问题的。正向循环是常态HR,逆向循环是逆境HR,但不管是正循环还是反循环,我们发现它们都是以绩效为核心的。尤其是在逆向循环的逆境中，绩效显现得尤为重要。循环导入的过程就是从薪酬和绩效入手，逐渐进入整个环节。当一个处在逆境中缓慢发展的企业，研究薪酬是如何保生存，绩效是如何刚推动、柔感受的，企业的发展就有望了。

在问诊图中，我们还能发现它有一个规则——内外循环都是以什么为核心？我们循环起来去看，不管正反，内循环都是以人为先的，而外循环则都是以事为纲的。所以我们这本书基于这个角度，提出"六元八表定绩效"这个概念。那么六元是哪六元呢？六元就是梦想链接梦想、变要求为需求、变被动为主动、变执行为自行，变奖惩为赋能、变终点为起点。

在"梦想链接梦想"中，本书将会讲到如何把梦想呈现出来。这不仅仅是为了呈现出来给大家，更是为了进一步和组织成员一起共同勾勒出一个企业的未来愿景。我们都知道，如果一个人把企业的要求变成需求，从内心认识到工作中的任务、目标是自己要去做的事情，那他就会变被动为主动。那么，在我们实践这个行为模式时，被动到主动的过程中都有什么环节？产生过哪些问题？我们怎么运用内在的分析和外在的标准，才能激发组织成员从要求到需求，从执行到自行？本书会讲述八步骤的指标表、七步骤的计划表，并通过介绍和练习使用这一系列表单，进一步归纳整理企业发展以及绩效管理推进过程中遇到的问题。这些表单呈现出来刚性的执行标准，而刚性的执行标准又需要柔性的感受去推动它，本书的内容会指导我们将这两者结合起来，形成最终的绩效承诺书。

另外，在"奖惩变赋能"的过程中，本书还会给大家解析绩效改进表、绩效辅导表，甚至运用这些不同的访谈方式对绩效做出反馈，将终点变为起点。最后，我们还将用一张表格对这一绩效管理体系进行整体复盘。如此一来，八张表格六个维度，从内到外，从外到内，从刚到柔，刚柔并济地解决了人力资源绩效推动的问题。

| 前 言 |

最后，再给读者们介绍一下本书的内容亮点分别有：一个主题、一个场景、一个痛点、一个表单、一个任务的"五个一"结构；学习内容读得懂、拿得走、用得上、有实效；专业性强，阐释绩效刚柔并济的系统理论；实用性强，掌握实践中绩效流程、工具、方法；针对性强，深入分析经营中绩效管理的"痛点"；操作性强，可化繁为简，轻松掌握，拿来就用。

希望这本书可以对大家有所帮助，促使大家交流出思想，碰撞出火花。也许在这本书中你收获的不仅仅是刚标准或柔感受，刚柔并济，还可能催化出来新的思想、新的做法、新的收获！

自　序

从 0 到 1，让绩效管理激活员工，赋能组织

很高兴您能拿到这本书，想写一本关于绩效管理的书的想法由来已久，但是一直迟迟没有动笔，一是总觉得自己缺点啥，很担心写出来的内容不能帮到大家，虽然，多年从事人力资源管理，又讲授多年绩效咨询课程，但是还是不够成熟；二是这么多年一直忙忙碌碌，一年又一年，要么在上课、做项目，要么在去上课、做项目的路上，2020年疫情中，反思后，我终于下定决心动笔，才使这本书与大家见面。

2020年受新冠疫情影响，很多企业都在求生存、保绩效，疫情后，在与众多企业辅导交流中，很多企业家都提到，在疫情中让自己坚持下去的是对企业的梦想追求，更有众多的管理者提到了，自己能坚持下来与企业一起渡过难关的动力来自于对企业梦想的追随和对企业度过危机实现梦想带来的价值的追求。一次次的交流，让我在这个疫情的特殊环境下，明白了绩效的本源不是术和法，而是大家对一个美好梦想的坚持。这才是绩效推进之源，企业绩效问题不是新问题，传统观念认为是人 - 效 - 薪的问题。但是，今天我们不得不说，人

与岗位是否匹配，涉及知识、技能、体能、思想等，但是根本上让知识技能与岗位匹配的关键在于人的思想，也就是人心；效的问题在于知识、技能、体能等发挥后的效果、效率、效益，但是是否愿意发挥还是人的思想，也就是人心；薪酬的问题，薪酬多与少，满不满意，没有绝对的多，也没有绝对的少，关键在于人的内心评价标准，也就是人的认知，也是人心，综上，心有灵犀一点通，心中如何认知企业梦想，决定人们对绩效的态度、行为、结果。

因此，梦想是源起，认知是基因，方法工具不能单行，企业不改造认知和基因，只是对标方法工具，绩效管理的结果自然是邯郸学步四不像。这也就是我们见过很多企业一直致力推绩效，但是往往雷声大雨点小，要么就是虎头蛇尾，要么一推绩效就鸡飞狗跳的原因了。因为主要问题在于企业忘记了传承梦想，改造基因，一味地寻求对标落地目标任务的方法工具，这也就是企业每次在咨询中要求的"干货"，而这个"干货"在企业落地过程中，因为太干了，很难绩效落地。究其原因，是很多企业只是推了目标刚性一条线，即只是研究了绩效目标分解的方法，而没有去探究绩效的本源梦想问题，即绩效的认知基因改造问题。绩效应该是刚柔并济的两线并进。

所以，这本书从绩效梦想本源着手，刚柔并济，阐述了绩效管理六维度，剖析了绩效的本源思维问题，用八表承载了绩效目标落地刚性要求，探究了绩效管理方法流程，把绩效渊源认知与绩效方法流程有效结合起来，从而实现刚性目标分解，柔性梦想传递。刚柔并济，激活员工，赋能组织，达成企业绩效目标，本书从源、道、法、术、器、果等六方面阐释知识。

第一章绩效之源，以终为始——梦想链接梦想，核心探讨绩效之源，梦想对基因改造的重要性，凸显企业梦想链接员工梦想是组织绩效达成源动力。

第二章绩效之道，知己知彼——变被动为主动，刚柔并济，两线并进，解决企业刚性目标与柔性梦想链接中的困惑。绩效由被动到主动、由外驱到内驱的发展历程中，选择方法技巧和团队分析模型。

自 序

第三章绩效之法，群策群力——变要求为需求，内驱力，在于团队个人主动承诺，掌握团队共创的六步骤，解码目标分解原理，和谐沟通的欣赏式探寻。

第四章绩效之术，言传身教——变执行为自行，在完成七阶段行动计划设计之后，团队管理者和被考核者一起通过八阶段指标分解明确责任，团队共创实现人人头上有责任，个个肩上扛指标。

第五章绩效之器，辅导跟进——变奖惩为赋能，绩效管理就是沟通、沟通、再沟通，如何实现全流程、双循环沟通，管理干部如何实现言传身教，身体力行，在辅导过程中实现惩前毖后。实现组织和个人的共同成长，和谐发展。

第六章绩效之果，复盘验收——变终点为起点，绩效管理是一个螺旋上升的组织进化过程，没有终点，我们要在绩效复盘后寻找组织优化发展切入口，实现组织持续的绩效优化模式。

本书对于人力资源从业者来说，是一本正心、正念、正行的绩效思维宝典，不拘泥于传统绩效书籍桎梏——专注方法、表单，本书不但提供一套绩效推进心法，传递了绩效思想，同时提供一套配套绩效管理工具表单。对于各级管理者来说，本书是理解绩效管理的一本心理学工具书，也是一本团队绩效推进操作指南，同时提供一套具有参考价值工具表单。为企业在十四五期间深化绩效、优化改革、创新激励、赋能增效提供思维方法和管理助力。工欲善其事，必先利其器！

因时间仓促，本书难免在编辑中有不足之处，请大家批评指正、见谅。同时，衷心感谢在本书编写过程中支持我的家人、朋友！

杨文浩

2021-10-11 晚 10：24 分于深圳。

目　录

第一章　以终为始，梦想链接梦想 _001
　　第一节　以愿景驱动目标管理 _004
　　第二节　SMART 法则进行目标设定 _015
　　第三节　团队四维平衡目标，告别绩效目标不聚焦 _022
　　第四节　企业绩效改进的五大桎梏 _032

第二章　知己知彼，变被动为主动 _039
　　第一节　让员工从被动执行到主动行动 _041
　　第二节　绩效考核与管理的误区 _047
　　第三节　绩效管理三大方法 _055
　　第四节　绩效管理设计五步骤 _064

第三章　群策群力，变要求为需求 _071
　　第一节　变要求为需求的个人承诺六步骤 _073
　　第二节　目标计划设定的注意事项 _088
　　第三节　欣赏式探寻的共识 _095

第四章　落地有法，变执行为自行 _103

　　第一节　绩效教练：绩效指标分解与承诺书签订 _105
　　第二节　契约精神：绩效教练与辅导不同阶段剖析 _120
　　第三节　如何进行绩效面谈，让员工自动化执行 _126
　　第四节　绩效面谈全流程 _133

第五章　辅导跟进，变奖惩为赋能 _141

　　第一节　员工绩效改进面谈评价流程 _143
　　第二节　绩效评估的原则 _153
　　第三节　绩效体系评价流程 _159
　　第四节　典型问题员工的处理技巧 _167

第六章　复盘验收，变终点为起点 _179

　　第一节　复盘，以改进团队绩效 _181
　　第二节　绩效管理实施的问题分析和对策 _191
　　第三节　绩效激励和吸引力法则 _198
　　第四节　绩效的心激励魔力 _205

后　记 _213

第一章

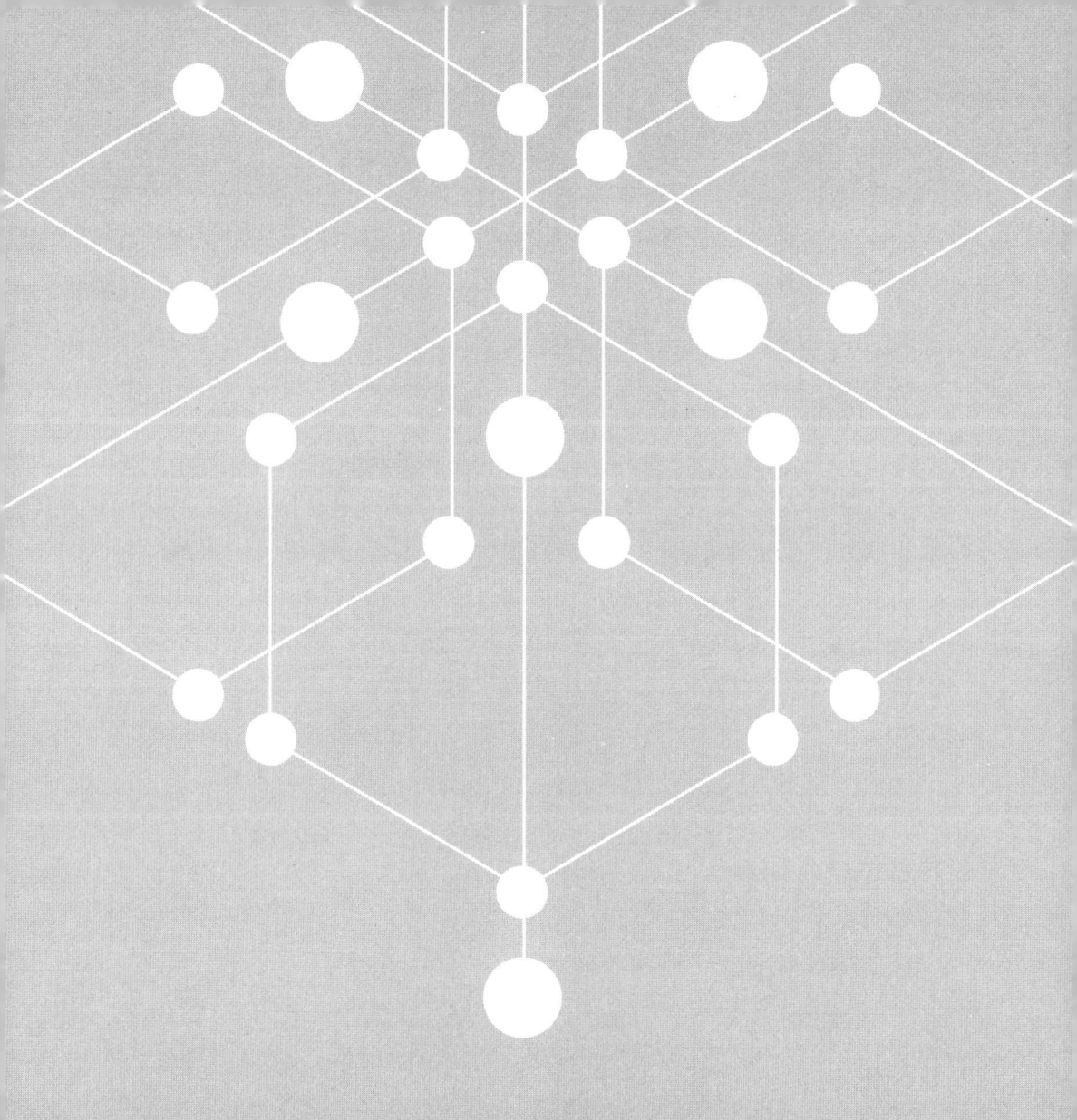

以终为始，梦想链接梦想

第一章　以终为始，梦想链接梦想

来，让我们一起完成下面的游戏：请大家准备好一张 A4 的白纸。收获的多少取决于参与度，请你认真拿起笔一起来画。

第一步：一花一世界，一树一菩提，一页白纸一方世界。请在这张白纸上画一个九宫格。

第二步：性格决定命运，习惯成就人生，改变习惯很难，请你把笔换到另外一只手上，在九宫格的中心格子里写上自己的名字。

第三步：管理者的最大能力就是清晰认知自我，请在剩下的八个格子里写下自己的性格特点。

第四步：找你自认为非常熟悉的人，给他你已经写好的九宫格，然后让他根据自己了解判断你的性格特点是否存在。

第一步完成后，你可以根据九宫格图形初步判定每一位管理者的性格特点。在没有任何要求情况下，你可能画得很大，覆盖了满满一张纸，也可能画得很小，也可能画到角落里，因人而异。有人做事情大张旗鼓，有人做事情缩手缩脚，至于你为什么这样画而不是那样画，可以阅读心理学相关投射技术加以解读。在绩效推进中，每一位管理者也会按照自己的风格特点去推动绩效工作、管理团队。

在第二步完成后，你会发现一个秘密——每个人都活在自己的舒适区，改变原来的、习惯的、舒适的方式会觉得不舒服。这就如同让张飞温柔，让林黛玉变果敢。这说明一个问题，每个人都有自己喜欢和适合的交流方式，而不是按照统一的标准去做。如果不能研究每一个人喜欢的范式，我们在推动绩效的过程中就如同强迫大家按照不习惯的方式作绩效一样，会适得其反。

第三步完成后，看看是否还在用左手写字（当然天生左撇子除外），你可能发现自己不经意间换回了右手。我们永远用自己感觉舒适的方式对人、对事。所以，我们的绩效管理推进如何让别人感到舒适，我们有没有关注过每个人的美好梦想和使命，这是绩效管理中经常被忽视的一个问题！

第四步完成后，我们会发现别人并不会认可我们自己所认为的性格特点。这也说明我们有时候没有认清楚自己的性格。或者想当然认为自己有哪些性格特点。事实上，我们都跳进了自我认知舒适的管理误区，总认为自己觉得舒适的方式就是别人觉得舒适的方式，根本没有考虑过别人是否舒适。在管理中，我们制定目标和计划后让员工执行，我们用自己觉得舒适的范式规范着员工，这样的绩效管理只会陷入越来越被动的局面。不被组织成员认可为梦想的绩效目标永远远离人们的行动舒适区，永远都是无用功。所以，绩效源于梦想。只有有愿景、梦想的目标才能驱动人力资本投入绩效管理活动中。

第一节　以愿景驱动目标管理

俗话说，一生二，二生三，三生万物。那么一个企业从创始人创办开始，到最终成为规模化的大公司，它靠的是什么？近些年来人们发现，在新时代的竞争环境下，绩效逐渐变成了影响企业发展的桎梏。在传统企业管理中，绩效管理一直被认为是一件很难做的事，许多企业在面对绩效问题时都出现了"没有绩效考核眉开眼笑，有了绩效考核鸡飞狗跳"的情况。这不禁令人产生疑惑，绩效管理出现问题的原因是什么？作为企业的管理者，我们又该如何去解决这个问题？本书中我们将从六个维度、八张表格、二十四节的讲解中打开"绩效"这个潘多拉魔盒，一起来看看它的世界里到底发生了什么。

为了帮助读者更好地学习和理解，首先介绍一下本书的"六元"：

1. 以终为始，梦想链接梦想

所有人在谈绩效时都觉得应该从目标开始，但在谈目标之前我们需要先讨论一件事情——企业发展的终极目标是什么？著名企业家冯仑先生曾说过一句话："企业是在实现梦想的过程中，顺便赚了点钱。"由此可见，企业发展的根本其实是实现企业的梦想，而企业梦想的实现靠的又是梦想链接梦想的过程，即一个人的梦想链接着一群人的梦想，同时因为这两者之间有着共同交集，所以大家才为了共同的梦想而努力。因此，追逐梦想是起点，完成目标是终点，梦想产生目标，目标使梦想贴近。

2. 知己知彼，变被动为主动

在企业的运转过程中我们常常会思考，管理者和团队之间，老板和企业员工之间，谁是主动者谁又是被动者呢？有人研究发现，企业管理者和创业者几乎都是全力以赴的，而职业经理人和员工很多都是全力应付的。那么如何转变员工的积极性，使其由全力应付到全力以赴，变被动为主动呢？这一章将会展开讲述，详细分析和讨论。

3. 群策群力，变要求为需求

我们都知道，人类在进行任何一件事情时，"要求"都没有"需求"所能提供的自身动能大。这一章将通过大量的案例呈现出从要求到需求的世界里的区别。

4. 计划落地，变执行到自行

目标计划是需要通过行动来完成的，而完成目标所选择的行动方式是执行还是自行就与要求和需求紧密相关。要求对应执行，需求对应自行，只有组织团队把要求转为需求，才能在计划进行中把执行变成自行。这一章将通过七张表格、八个步骤来展示从要求到需求、从执行到自行的转变是如何发生的。

5. 辅导跟进，变奖惩为赋能

当我们开始自行之后，很多企业用的绩效就是奖惩、分粥。但绩效的最终目的是惩前毖后。对员工奖惩、分粥并不是企业的目的，这么做是为了通过绩效激发员工潜能，打造高绩效的团队，从而更好地实现企业的最终目标。

6. 复盘验收，变终点为起点

绩效是一个螺旋式上升的过程，它和事物的成长过程是一样的，没有终点，或者说终点即起点。我们将通过最后一张表格来复盘找出企业绩效下一个循环的起点到底在哪里。

以上就是本书的核心内容。

凝心聚力梦想使命

梦想链接梦想就是绩效传统目标中柔性的部分，那么柔性的部分是如何刚柔并济的呢？

企业发展的根本是梦想实现的过程，有了梦想就会产生目标。本书开始的时候提出过这样一个观点：柔性的梦想，刚性的目标。梦想与目标刚柔并济是推动一个企业绩效的根本原则，就如同水火不相容，却能平衡地存在于这个世间。

如今我们很多企业做绩效管理就像一团火，它热火朝天、刚性十足地将企业向前推进。在这种机制下，绩效往往在一段时间里会显出很高的成效，但人总有疲惫的一面，团队成员也无法永远维持符合绩效管理标准的状态。对于一个缺少柔性的绩效机制，如果实行的时间久了，我们就会发现这个绩效机制慢慢失去了激发员工动力的作用。

很多时候在职场上，我们不难见到一些企业在快速发展阶段时，绩效做得风生水起，团队成员看似都非常努力，乐于拼搏。但这个阶段总是昙花一现，很快销声匿迹。造成这种情况的原因，就是企业管理人员只注重绩效刚性的一面，强压给员工目标和指标，却忘记去感受员工的内心世界，没有重视绩效柔性的一面并将两者相结合。这就像管理，所谓管理就是管事理人，管理是刚性的，理人是理解人，即柔性的。万事万物，讲究阴阳平衡、刚柔并济，绩效管理也是同样的道理。

如果要想改善企业的绩效状况，我们的当务之急应从柔性入手，即先从梦想入手。在这里，我们首先需要思考一个问题：人活着是为了什么？或许你的心中早已有了答案——可能是为了吃饭，可能是为了工作，还可能是为了生活等。曾经有一位企业家说："人活着这一辈子就为了造一个梦，去圆一个梦。"这个观点蕴含一个思想，即我们每个人都活在一个梦中，今天的你就是昨天的梦，明天的你就是今天的梦。所以，每一个人都应认真思考一下这个问题：在企业中你活在怎样的一个梦中？这个梦美好吗？这个梦是谁给你建造的？假如这个梦是你自己造的，那它与整个企业的梦有没有关联？这些问题最终构成了人们研究目标的核心，即梦与梦的链接。

不难发现，有的放矢的目标管理从表面上看仅仅是目标管理，但实际上真正解决的却是我们和团队成员在企业中的梦想是什么的问题。所以，我们在给组织传递目标的时候，不仅仅是传递一个可实行的目标，更需要的是传递目标管理背后企业的梦与团队成员的梦。

那什么是梦？梦其实就是愿景。管理者的愿景、组织成员的愿景、企业的愿景都将对绩效的目标管理产生很大影响。

刚柔并济经营目标

任何一个企业都有一个愿景。企业的愿景是创始人或创业团队提出的。但创业团队提出的这个愿景能否被组织中其他人所接受，就变成了需要我们思考的问题。

很多年前有位叫稻盛和夫的创业者，他曾以优良的待遇招募过一批应届毕业生。但是好景不长，这批应届生在工作不久后就陆续离开了。稻盛和夫为此感到疑惑，于是他找到其中几个优秀的毕业生询问他们选择离开的原因。

毕业生们回答说，他们认为自己在这个组织中只是在实现公司的愿景和管理者的梦想，但毕业生们也有着自己的梦想。在企业中他们发现如果实现了公司的梦想，那么他们自己的梦想就会被颠覆。为了避免这种情况发生，他们最终选择离职去追逐自己的梦想。

从这个例子可以看出，组织提出的愿景梦想如果不能与组织成员的愿景和价值观匹配或交融，组织中的员工很可能就会选择离开或是在企业中人浮于事了。所以，为了尽量避免和更好地解决这些情况，企业研究战略目标和目标管理时，首要任务就是研究自己的组织愿景，是否与组织中那些具备不同身份和能力的员工价值观和愿景相一致。如果企业愿景和员工的梦想不一致，那么他们的能力在企业中就很难得到发展。他们不会按照组织管理者制定的行动计划去行动，更不会扛起责任去完成相应的任务。这点在现实中已被屡屡证明。

这就是目标管理背后的愿景秘密，所有目标制定合理的企业，实际上都是做对了一件事情——把组织愿景与组织中不同身份和能力的员工的价值观紧密结合在一起。表面看，好像是组织目标被顺利分解了，实质上是目标背后的愿景价值观带来的场景得到组织成员的认可。

关于目标设置，传统企业通常都是金字塔型的，当然也有一些新型组织是扁平化或者网状组织。考虑到国内很多企业还处在金字塔结构转型中，所以在本书中我们还是以传统企业的金字塔模型——由高层管理向低层管理传递信息的逻辑框架——来介绍企业目标分解的问题点和大致框架（如下图1-2所示）。

组织顶端的高层管理人员，在提出组织的使命和愿景之后会产生近期或一段时间内的战略目标，这个目标就是愿景下的战略目标。但高层人员在向下传递的过程中往往会出现一个问题，那就是我们往往只传递出战略目标本身，而忽视了传递战略目标背后的组织使命和愿景。所以，中层管理人员获得信息后常常只记住了领导的要求和目标，并将战略目标划分成了多个具体目标后又一股脑向下传递给各个部门或分公司的基层管理人员。中层管理者传达得很辛苦，在不了解企业使命和愿景的情况下，他们不是带着情怀而是带着情绪分解目标。在这种情绪影响下划分的目标又被基层员工接收，当基层员工感受到上级传递的组织目标与个人的发展目标不相关却还一定要达成时，消极的、离职的想法和对工作敷衍了事的概率就大大增加了。

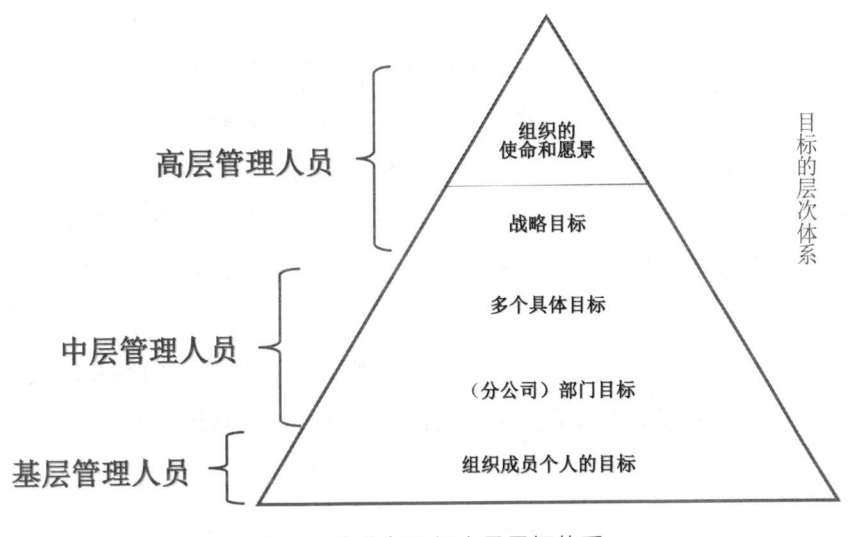

图 1-2　企业各层级人员目标体系

如果将目标和企业愿景的传递过程比喻为两条线，那么目标就是看得见的"外线"，是通过帮助企业完成各种任务指标来推动企业发展的；而愿景是看不见的"内线"，可以使企业的梦和组织成员的梦相连，以激发员工需求并自行来推动企业发展。内线是源动力，外线是工作范式，目标固然重要，但愿景也同样应该被给予足够关注。

在组织经营过程中我们很容易看到组织往下传递的各类目标线，却往往会忘记传递组织背后灵魂深处的愿景和使命与组织员工之间愿景与价值观的关联。所以，作为管理者和高层人员往下传递的应该是两条线，即物质的目标线和精神的愿景线。只有这样，企业的整个目标才是带着愿景、有价值意义的目标体系。

关于目标体系，我们需要注意两个方面：一、目标不是单一的目标；二、目标背后的愿景和意义对组织十分重要。

1. 目标管理的基本思想

既然目标愿景是目标的渊源、目标的源动力，那我们首先应该解决目标管理背后的思想和愿景问题。在这之前我们还需要先知道目标管理的基本思想是什么。

目标管理的基本思想是动员全体员工参与制定目标并保证目标实现，即由组织中的上级与下级一起商定组织的共同目标，并把其具体化展开至组织各个部门、各个层次、各个成员；使其与组织内每个单位、部门、层次和成员的责任和成果密切联系。最终组织形成一个全方位的、全过程的、多层次的目标管理体系，提高上级管理者能力，激发下级积极性。在这里，全体员工共同参与目标制定是尤为重要的。

为了更好地进行目标管理，就要处理好其背后的思想问题和愿景问题。首先要解决的是创业者或管理者自身的愿景问题。结合图 1-3 来看，只有组织成员每当想起就被激发和激励的最初目标和愿景，才能使我们永保热情，去影响、激励大家履行承诺，最后带给组织成员好的结果和价值。也就是说，想要把这种目标管理的思想和其背后的基本愿景传递下去，最先要点燃的是我们自己。

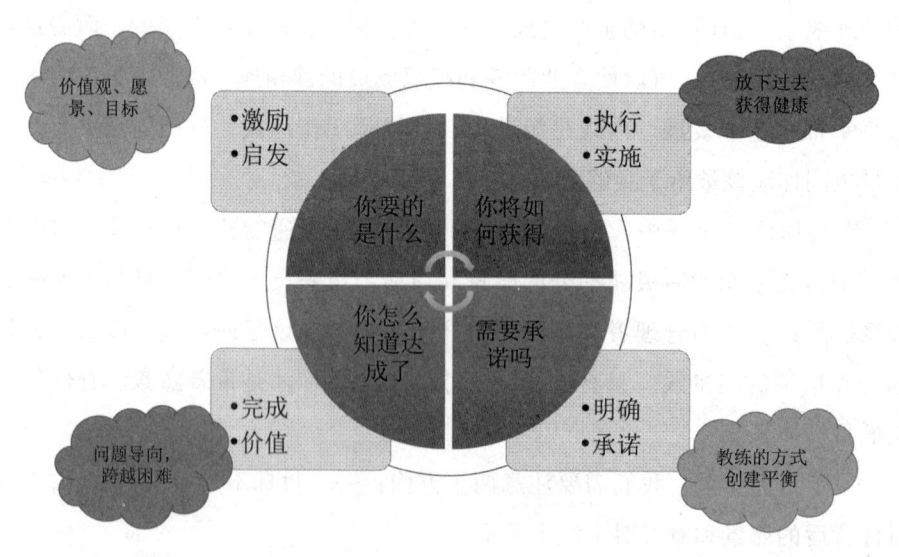

图 1-3 目标管理的基本思想逻辑

因此每一个传递思想和目标愿景的人,都需要去了解和感受自己的价值观、愿景、目标是否能激发自己的工作热情。在将这个问题考虑清楚之后,我们还需要评估自己是否能放下过去的颓势,是否有信心迎接和获得未来的健康发展,以及思考如何执行、实施才能获得看似美好的愿景。

如果你有意愿执行,那还需要承诺什么?怎么去承诺?此时就需要建立一个促动教练式的、平衡的需求承诺过程,即双向承诺;同时还要从质量、数量、时间、方式等角度界定清楚完成愿景之后的价值是什么。最后,当解决完问题跨越困难之后又会带来什么价值?这一系列完成,就形成了一个思想合约。

总之,想要解决目标管理就需要先解决制定思想合约的过程,这也是教练促动技术的核心。价值观、愿景、目标这些因素则对组织成员的执行和承诺的达成起着坚定信心的作用。那么具体该如何去做呢?接下来,我们结合生产经营过程和企业战略过程进行解释(如图1-4所示)。

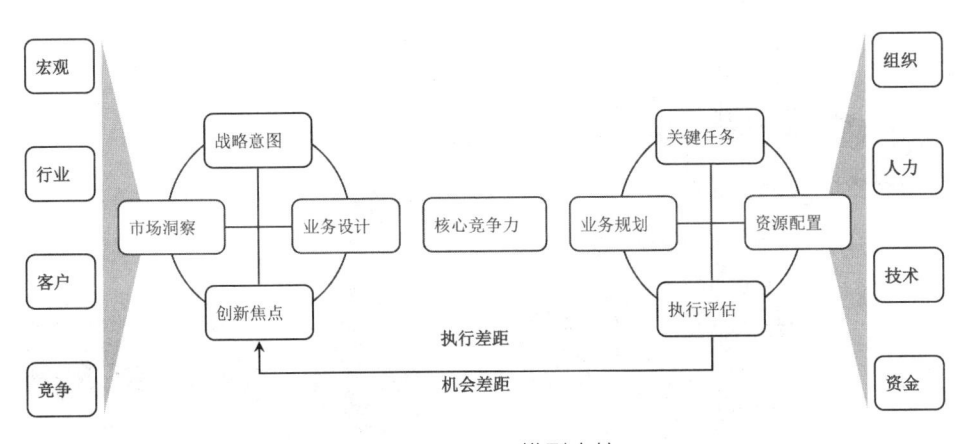

图 1-4 BLM模型内核

图1-4从四个一组的两两循环中展示出一幅企业经营的画面,同时分别从宏观和微观角度向我们展示了一个能看到的企业经营的战略意图和关键任务,但无论是宏观意图还是微观执行任务,它们背后都有一个画面——愿景和价值图。那么,战略意图带来的宏观、行业、客户和竞争环境下的愿景,和我们具体执行过程中的价值观和愿景之间是否有交集?

当组织的愿景和价值观与组织成员的愿景和价值观有交集时，你会发现战略意图与关键任务间核心竞争力的执行差距变得越来越小。此时员工们是发自内心地愿意去做，所以无论怎样设计业务，如何进行创新，如何执行评估、资源配置，只要组织的愿景和员工们的价值观相结合，之后的目标分解也会变得更加清晰明了。

其实，很多企业都发现战略意图变成关键任务后常遇到执行不力的现实问题。这提醒我们要时刻重视一个关系，就是愿景到价值，梦想到梦想的链接，所以我们在目标分解过程中要明确关键的核心，即解决这张图背后的愿景图。

2. 目标管理的实施过程

最后，我们再来说一下目标管理的实施过程。一般来说，目标管理的实施大致可分目标制定、目标实施、成果评价三个阶段，具体如图 1-5 所示。

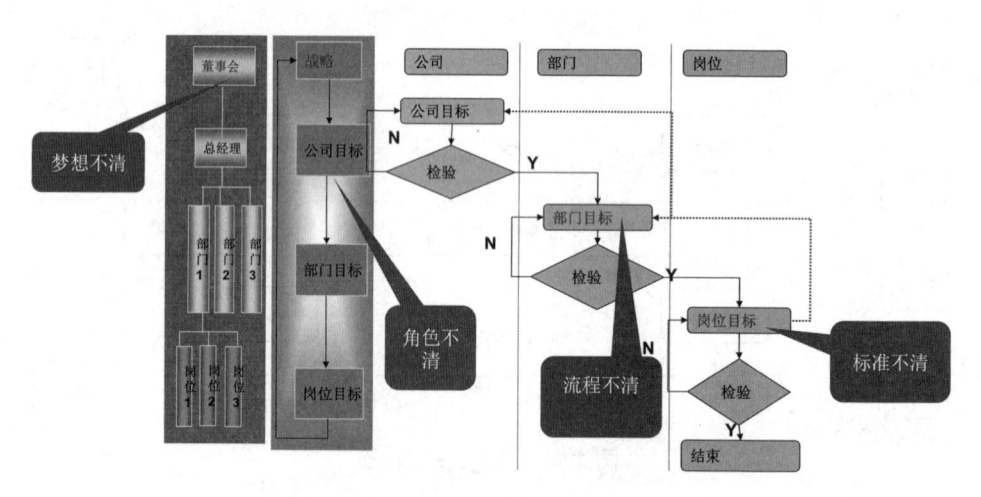

图 1-5　目标管理基本实施流程及误区

（1）目标制定

目标制定是目标管理实施的第一个阶段，主要指组织总体目标的设立和分解过程。这一阶段是最重要的阶段，它是目标管理有效实施的前提和保证。只有目标制定得合理、明确，后两个阶段才能顺利进行。

组织在设立总目标时，可以由下级和员工提出、上级批准，也可以由上级部门提出，再同下级讨论决定。但无论采用哪种方式，在设立过程中领导者必须同各级管理人员及员工一起商量，尤其是要听取员工的意见，不能只是简单地对下级目标进行汇总就作为组织的总目标。此外，我们还需要注重组织的长远规划和所面临的客观环境，使其在确定总目标的过程中更好地发挥主导作用。

同时，为了使目标切实发挥作用，在设定组织总目标时，还要注意尽量将目标的难度设立得略高于现状。在质与量的有机结合下，尽量量化组织目标，确保目标考核的准确性，并且在期限、数量上合理适中，从而保证组织经过一定努力能够实现。

当总目标设立好之后，接下来就要把组织的总目标分解成各部门的分目标以及组织成员的目标。尽量将目标分解成使组织内员工都乐于接受、并且在完成中主动承担自己应承担责任的目标。这是一个自上而下层层展开的过程。目标分解的结果应该是下级目标支持上级目标，分目标支持总目标，组织成员和各个部门之间的目标协调一致，不损害整个组织的长远利益和长远目标。分解的目标体系逻辑要严密，目标要突出重点，同时要鼓励组织成员积极参与目标分解，尽可能把目标分解工作由"要我做"变为"我要做"。当目标分解完毕，我们还需要进行严格的审批。

当目标展开完成以后，上一级就要本着"权责相称"的原则，根据目标的要求，授予下级部门或者个人以相应的权力，让他们有权有责，在职责和权限范围内自主开展业务活动，自行决定实现目标的方法、手段，实行自主管理。上下级之间还要就目标实现后的奖惩事项达成协议。

（2）目标实施

目标实施是目标管理实施的第二个阶段。这个过程主要依靠目标的执行者进行的自主管理，即所有组织成员主动地、创造性地工作，并以目标为依据，不断检查对比，分析问题，采取措施，纠正偏差，实行自我控制。但这并不说明管理者可以放手不管，因为目标的实现过程是一个自下而上需要层层保证的过程，一个环节出现失误，就可能牵动全局。在此过程中，管理者的责任主要有两方面,一是深入基层对工作情况进行定期检查,发现问题及时解决;二是当好目标执行人员的参谋和顾问,以商议、劝告的方式帮助组织成员解决问题。在必要时,管理者也可以通过一定的手续,修改原定的目标。目标管理强调员工自我控制、企业民主管理,二者的结合是实现目标动态控制的关键。

在目标实施过程中企业管理应注意以下几点:一、充分发挥组织成员自我控制的能力,将他们对管理者的充分信任与完善的自检制度相结合;二、建立目标控制中心,结合组织业务的特点保证组织工作的动态平衡;三、保证信息反馈渠道的畅通,以便管理者可以及时发现问题,尽快对目标做出必要的修正,方法包括正式的评估会议、上下级共同回顾和检查进展情况等;四、创造良好的工作环境,保证组织成员在目标责任明确的前提下形成团结、互助的工作氛围。

(3)成果评价

成果评价是目标管理实施的第三个阶段。它是指通过评议,管理者对自己企业的组织成员进行奖优罚劣,同时及时总结目标执行过程中的成绩与不足,以此完善下一个目标管理过程。成果评价不仅是一个目标管理周期的结束,还是下一个周期的开始。该阶段需要管理者注意做好两方面的工作:一是对组织成员的工作成果进行考核,决定奖惩内容;二是总结经验教训,把成功的经验、好的做法固定下来,不断完善。对不足之处则要分析原因,采取措施加以改进,从而为下一循环打好基础。目标评定要把自我评定和上级评定结合起来,将目标评定与人力资源管理相结合,及时反馈信息,提高目标管理水平。

其实,很多情况下目标在实施的过程中,并不是制定的目标本身出现问题,也不是企业管理者提出的指标有误差,最主要的还是因为"梦想不清"。高层管理人员没有很好地传递企业的愿景梦想,所以中层管理人员"角色不清",不清楚自己该做什么,从而造成在结构上"流程不清",最后导致岗位上"标准不清"。这"四不清"导致企业目标管理的实施难上加难。为了解决这些问题,我们需要追本溯源,俗话说得好:"问题的本身就是答案。"因此想解决目标管理实施过程的问题，管理者需要和组织成员一起研究目标背后的愿景图，要从解决组织管理者和团体成员间共同目标背后的愿景链接开始。

为了更加清晰，我们可以通过制作"企业愿景描绘图"将组织的愿景写在其中。把员工的价值梦想和企业的价值愿景写出来之后，将两者融合在一起，看看它们之间的交集究竟有多少。

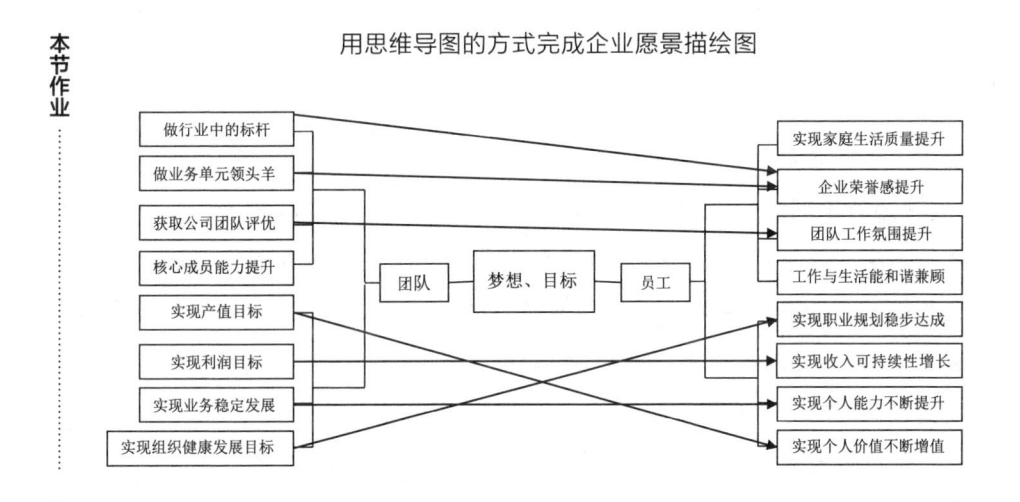

本节作业

用思维导图的方式完成企业愿景描绘图

做行业中的标杆　　　　　　　　　　　　　　　实现家庭生活质量提升
做业务单元领头羊　　　　　　　　　　　　　　企业荣誉感提升
获取公司团队评优　　　　　　　　　　　　　　团队工作氛围提升
核心成员能力提升　　团队　梦想、目标　员工　工作与生活能和谐兼顾
实现产值目标　　　　　　　　　　　　　　　　实现职业规划稳步达成
实现利润目标　　　　　　　　　　　　　　　　实现收入可持续性增长
实现业务稳定发展　　　　　　　　　　　　　　实现个人能力不断提升
实现组织健康发展目标　　　　　　　　　　　　实现个人价值不断增值

第二节　SMART法则进行目标设定

目标设定的三要素

我们常说目标背后要有愿景，在上文中提到愿景是目标的背景，那么目标具体是什么？好的目标需要符合三个要素。

1. 目标设定需要看得到

在企业中不管做什么事情，有一个看得见的目标才能让大家有一个共同的愿望。有位女孩名叫沸洛伦丝·查德威克，是一名游泳健将，她曾作为世界上第一个成功横渡英吉利海峡的女性而闻名于世。在那次横渡成功的两年后，她计划从卡德林那岛发游向加利福尼亚海滩，想再创一项前无古人的纪录。于是很快她就将这个想法变成了现实。

在游渡海峡的当天，她请来记者跟她一起出发，并希望能记下光辉时刻。众人注目之下，沸洛伦丝开始了她的挑战之旅。但是那天天气有些阴冷，海上云雾蒙蒙，难以看清前方。在游了漫长的16个小时之后，她的嘴唇已冻得发紫，全身筋疲力尽而且战栗不止。她抬头眺望远方，陆地离自己十分遥远。"现在还看不到海岸，看来这次无法游完全程了。"她这样想着，身体立刻就瘫软下来，甚至连再划一下水的力气都没有了。于是她对着旁边同她一起出发的船上人员说："拉我上去吧，我游不动了。""再坚持一下，只剩下一英里远了。"艇上的人鼓励她，但沸洛伦丝摇了摇头道："我实在坚不住了。"于是船员就把她拽上了船，小艇开足马力继续向前驶去。

就在她裹紧毛毯喝了一杯热汤的工夫，褐色的海岸线就从浓雾中显现出来，她隐隐约约地看到海滩上等待欢呼她的人群。到此时她才知道，艇上的人并没有骗她，她距成功确确实实只有一英里！她仰天长叹，懊悔自己没能咬咬牙再坚持一下。后来记者采访她时问："为什么你的挑战失败了，没能游过去呢？"沸洛伦丝说了一件事，她说："之前游的时候天气是晴朗的，所以我能看到岸边的灯塔。但是今天我游的时候，漫天大雾，我根本看不到任何东西，我万念俱灰。"

其实目标就像灯塔一样在前行路上起到指引的作用，组织成员只有看得见目标灯塔，才能知道该朝哪里努力；只有看得见目标灯塔，才能不断衡量与之的距离，做到心中有底；只有看得见目标灯塔，才不会迷失在逐梦之路并坚定地前行。

2. 目标设定需要摸得到

所谓"摸得到"就是让设目标的人可以达到，如果一个目标让设目标的人摸不到，那就如同高悬的月亮让人望尘莫及，最后直接放弃。所以，不管目标是什么，第二个要素就是"摸得到"。"超人"山田本一是日本20世纪80年代的一名马拉松运动员，在1984年的东京国际马拉松邀请赛中，这位名不见经传的日本选手出人意料地夺得了世界冠军。大家都感到很惊奇，当记者问他凭什么取得如此惊人的成绩时，山田本一说："哎呀，其实也没什么，我有秘密武器。"

当时许多人都认为这个偶然跑到前面的矮个子选手是在故弄玄虚，直到退役他才告诉大家，实际上他没有什么秘密武器，他只是学会了一个习惯——把大目标分解成小目标。几十公里的赛道路程，被他分成十几个段，每一段一个小目标，十公里处有个公园，十五公里处有个体育馆，十八公里处有个红房子……他把这一程分成了无数小段，这样他每走完一段都是一个终点。他每走完一段，他的大目标就在缩小。而普通选手的目标则是一口气跑到终点。但路漫漫其修远兮，目标定得太远，定得摸不到，在奔赴路上很容易丧失动力。

由此可见，将远大的目标分解成可以摸到的一个个小目标是多么重要。这同时证明了一点：组织要把大目标分解成小目标，因为这可以促使组织成员及时实现目标，并获得一种成就感，提升自我效能。只有这样，每位成员才能保持信心一路前行，向最终的企业整体的梦想不断靠近。

3. 目标设定需要想得到

当一个目标出现，如果大家都想得到它，那这就是对大家有吸引力的目标。同时这个"想得到"的目标，还必须是组织团队中所有人共同的目标，如果只是领导或是高层管理者的，那就会出问题。

相信大家都看过电影《泰囧》吧，很多人说，这部电影讲的是两个小伙子到泰国去玩的事情。实际上，两个小伙子到泰国游玩是电影的表象，这部电影还有一个内线，即徐朗和高博为了一款产品"油霸"，到泰国去找周老板签字的故事。

| 强 绩 效 模 式 |

徐朗和高博两个人的想法完全不一致，高博想把这个发明一次性卖给法国人，但徐朗坚决不同意，他希望深入开发研究，把"油霸"发扬光大，得到更远的收益。两个人各抒己见，争论不休，一直无果。唯有得到公司最大股东周扬的授权书，方可达到各自的目的，于是这才踏上了泰国行的旅程。到最后，周老板给他们留了封信，让他们二人好好商量，直到达成一致才肯见面。

在这个过程中他们俩渐渐明白，他们各自想得到的东西和组织想得到的东西不一样，如果他们想得到的不是组织想得到的，那这三方是很难达成一致的。由于俩人股份相同，而周老板的想法跟他们也不一致，而且公司有公司的想法，两个高层、一个老板，三个人代表的梦想完全不一样，目标也不一样，所以很难融合在一起。最终，他们还是选择了以组织梦想为核心。

目标设定"想得到"，不仅要考虑自己是否有兴趣，还要考虑到底是谁"想得到"。仅仅是为了满足自己而"想得到"，那么在企业或是组织团队中是行不通的，因为"人心齐，泰山移"，如果成员各自为伍，那就永远没有办法让企业发展起来，无论是集体的还是个人的最终目标也更不可能达成。所以如果没有"想得到"的心，组织成员就没有驱力去追逐梦想，而如果"想得到"的目标和组织最终目标不同，那么组织成员行动起来也没有办法完成目标。

目标设定有三个要素：看得见、摸得到、想得到。如果企业设立的目标符合这三要素，且是积极的，那么目标就可以成就一个人；当一个目标是消极的，它也可能会毁掉一个人。也就是说，我们可以先不讲这个目标是什么，但只要具备这三要素就可以驱动别人。假如对于管理者设立的目标，下级员工们看不见、摸不到、想不到，他们还会"想得到"吗？

举个案例来帮助我们更好地理解。曾有科学家做过这样一个实验，他们把一只猴子关进了笼子中，这个笼子周围装着水管，中间挂着香蕉。猴子刚进去能看得见香蕉，也很想吃。于是猴子冲过去就要抓这根香蕉。结果水管中喷出水，把猴子冲到了一边，这只猴子锲而不舍就这样连续被冲走三次之后，它默默地抱着柱子站在一旁，眼巴巴地看着香蕉。对它而言，香蕉这个目标看得见，却摸不着。

这时候，科学家又把另外一只猴子放进了这个笼子。第二只猴子进笼子后，看了看旁边的猴子，就朝着香蕉冲过去并跳起来抓，结果第二只猴子刚一跳起来，水管就喷出了水柱把两个猴子都冲到了一边。连续三次之后，两只猴子可怜兮兮地抱在一起不敢动了，因为它们觉得水管中的水柱会冲走他们。最后科学家把第三只猴子放进了笼子，接下来发生了令人想不到的事情。当第三只猴子刚要伸手抓香蕉时，之前的两只猴子立马把它按倒在地，如果第三只猴子还要去抓香蕉，它们也会再次把它按倒，这样反复几次之后，第三只猴子终于明白了：这里有另外两只猴子看守着香蕉呢。于是它也不敢再动了，最终所有进笼子的猴子谁都不想再去得到香蕉了。

这个故事启发我们，一旦有员工看得见、想得到，但是得不到组织目标，那这些员工也不会让后来者得到。这就是群体效应中集体平庸化的现象。现在我们需要反思一下，自己的组织是怎么扼杀了员工行动的积极性呢？是看不见、不想要、得不到呢，还是看得见、想得到，而老员工不让得到呢？如果连作为组织上层的管理者都实现不了目标，那下级成员就更无法实现了。这是思维惯性，也是执行习惯。所以，为什么目标执行过程中总出现问题？因为上层管理者将目标制定得"看不见"，或者"摸不到"，所以下层人员自然也不想摸到，不想得到了。于是企业工作就变成一个"你混我混大家混"的局面，大家都不再努力了。这样的企业才是真的前景堪忧，这样持续下去企业绩效怎么能好，企业未来怎么能顺利发展？

所以目标"看得见"是基础，一个目标必须保证每个基层员工能"看得见"，具体、准确、有意义，还要保证基层员工能用自己理解的话表达出来；"想得到"是动力，只有目标让员工觉得"想得到"，才能激发员工的动力；"摸得到"是结果，就是每个人都有方法达成，没有阻碍情况发生。只有梦想清晰驱动人心，才能角色清晰扛起责任，进而流程清晰规范行动，实现落地标准反馈有效。

SMART 原则

虽然我们一直在说，企业设立的目标是"看得见""摸得到""想得到"，但我们有时候遵从这三个要素设立的目标还会存在一些问题,也就是目标虽然符合这三要素,但是不够细化。这时就需要用到一个工具来帮助我们细化企业目标的要素内容,即设定目标时遵循的原则——SMART原则。

SMART原则是现在管理上经常用到的一种目标管理原则,或者说效率管理模型(如图1-6所示)。

目标设定SMART原则

在管理学中有一个非常重要的目标设定原则——SMART原则,由分别表示确定目标的五个基本原则的英文字母的字首组成。

SMART原则是一个很实际、很方便的实施原则。

S → Specific 具体的
M → Measureable 可衡量的
A → Achievable 可达成的
R → Relevant 相关的
T → Time-based 一定时限的

图1-6 目标设定SMART原则工具

"SMART"其实是代表了五个单词的首字母,分别是具体的、可衡量的、可达成的、相关的和有时限的,即:

S=Specific:目标制定或绩效考核标准,一定要是具体的,让人知道应该怎么做;

M=Measurable:目标或指标,需要能够测量,能够给出明确判断的,比如通过数据等;

A=Attainable:在给自己或者他人确定目标的时候,目标不能定太高,也不能定太低。如果定得太高,容易打击人积极性,如果定得太低,又缺乏挑战性,最好是员工努力一下能够达到的程度;

R=Relevant:目标与目标之间要有一定的关联性,整体都是为大目标或者大方向服务;

T=Time-based:截止日期,对于一个目标而言,如果没有截止期限,那么就基本等同于无效，员工可以一直做下去或是不断拖延耽误企业目标实现的进程。

SMART原则可以帮助我们实现目标设立的规范性。我们很多企业的目标设立很不规范，目标没有三要素是很可怕的，如果不符合SMART原则，那这样的目标更可怕。

什么样的目标是不符合SMART原则的？举例来讲一下。有的企业设立今年的目标是提高服务质量。这个目标具体吗？提高服务质量可衡量吗？可达成吗？有时限性吗？这就像在现实生活中，有的孩子跟妈妈说他要好好学习一样，这是一句不会产生效益的话，因为这句话所反映出的目标内容不具体——他什么时候好好学习？他学到什么程度就算好好学习？这个目标可达成吗？他多长时间能做到好好学习？

再比如，有人想要找一个伴侣，具体来说，想找伴侣是要找一个什么样的伴侣？年龄、学历、爱好等这些可衡量吗？要用什么去衡量？可达成吗？这都是SMART原则在工作和生活中运用的例子。

SMART原则是一个很好的工具，当一个目标符合三要素——看得见、摸得着、想得到时，我们再用SMART原则把它具体化一下。而当一个目标不符合三要素时，我们就需要将它放到SMART原则中，使其最终成为可衡量、可达成、相关性和有时限的目标。通过这种方式设定的目标会更加符合三要素。由此可见，这两个工具是相辅相成的。

从简单入手，如果我们分析一个目标时发现它没有三要素，比如将目标设立成所管理企业今年要变成世界500强，这个目标一看就是不切实际的。它看不见，摸不到，那就不需要再使用SMART原则了。如果企业将目标设立成今年效益要提升利润50%，这个目标看得见，摸得到吗？不知道。想得到吗？当然想得到。这种情况下我们就可以用SMART原则更进一步完善它，使其具体、可衡量、可达成、相关强、有时限性。如此去研究企业中的每一个终极目标。

所以，目标设立的三要素与SMART原则可以让企业在发展和绩效管理中的任何一个目标达到具体化、可衡量、可达成、相关的、有时限的程度。通过 SMART 原则，可以让我们的目标看得见、摸得到、想得到，促使组织中的每一位成员为了共同的目标前仆后继，持续进步。

> **本节作业**
>
> 完成 SMART 的一个表单。我们可以把企业当下的现实目标拿出来研究一下，用 SMART 原则来衡量，并细化每一点——企业目标具体吗？可衡量吗？可达成吗？有实现性吗？细化完成后再看这个目标，是否看得见？是否摸得到？是否想得到？想一想如果你作为组织中的一员面对这样的目标你激动吗？如果你激动那就太棒了。我们在下一节里面会带着你的目标，一起进入目标的世界。
> 举例：找一个对象结婚。

SMART 目标解码应用案例——找个对象

序号	SMART	内涵	举例
1	Specific 具体的	要切中特定的工作指标	找一个结婚对象
2	Measurable 可衡量	数量化或者行为化的	广东潮汕、大学本科、23 岁、应届毕业生
3	Attainable 可实现	付出努力后可以实现	参与高校学习工作，工作地点、时间有重叠
4	Relevant 相关性	目标与目标的关联情况	师范院校女生有找对象意愿
5	Time-based 时限性	完成绩效指标特定期限	2021 年 12 月 31 日前完成

第三节　团队四维平衡目标，告别绩效目标不聚焦

企业四维平衡目标

前文的内容讲到了目标三要素及 SMART 原则。我们已经知道设立一个目

标要从看得见、摸得到、想得到三个角度考虑，还要用 SMART 原则的五个维度去细化。但是我们始终没有分析一个问题——企业的目标到底是什么？当有人问你，你的企业存在是为什么？很多人就说一句话："不是赚钱吗？老板开公司就是为了赚钱呀。"那么，企业真的就是以赚钱为最终目标吗？

企业的目标到底是什么？从一些研究中发现，企业不仅仅是一个赚钱的个体，还是一个社会的有机组合体，同时还是满足客户和员工需求的主体。所以，基于这些角度的考虑，有研究人员（卡普兰和诺顿先生）提出一个概念，叫四维平衡目标，即企业应该有一个四维平衡目标。那这四维内容分别是什么呢？

1. 第一个维度是股东

股东是一个企业的投资者，股东既然投入了资本，那自然是希望获取收益。这就意味着企业组织是一个经济组织、一个营利组织，而不是一个慈善组织。企业经过市场运作获取利益，是天经地义的事情，毕竟企业中除了股东、创始人、管理者，还有很多员工需要养活。如果企业不盈利，那么就没有办法维持整个组织的运作。企业中的每一位成员的工作目的，都是为了生活得更好，为了能追逐自己的梦想，而这些都需要物质作为基础。虽然盈利是企业的目标，但它却不是企业目标的全部。只重视股东个人收益的公司或个体，即使暂时能拥有巨大的财富，也很难做大做强，而且如果只为一己之利，很可能触犯法律，最终受到法律的制裁。因此，如果我们只从利益角度来考量、制定目标，那么企业的发展目光是短浅的，企业存在是无法长久的。

2. 第二维度是客户

一个企业如果为了获取利益，而枉顾自己客户的利益，那么客户是会抛弃它的。2011 年，陆续有媒体揭露某饭店分店存在死鱼替换活鱼、餐厨不消毒、让员工食用回锅油等黑幕。而该公司在第一时间发声明予以否认，危机公关的反应可谓相当及时。然而，据几家媒体调查结果显示，超九成网友对该公司的"声明"与"说明"不买账，认为这根本是推卸责任，对有些问题的解释并不合理。

有媒体评论称：人无信而不立，企业也一样。国内企业想走出国门、走向世界，首先必须做到诚信，否则，即使迈出了国门，也很难立足，甚至还会影响国家信誉和形象。危机，从来都是"危"中有"机"。当客户的利益受到损害，那么他们就会选择离开，寻找下一个符合他们利益期待的企业继续合作。客户的利益不容忽视，企业在经营的过程中必须把客户的利益作为目标的一部分，只有把拥有客户、留住客户放在企业的目标中，如此才能从中获取利益，这是一个双赢的事情。

3. 第三个维度是社会

企业的经营，是在一个地区、一个城市建立自己的一个生产基地或者工作场所，它要符合当地的社会规则。社会对一个企业最关注的是什么呢？有人可能认为是税收，但其实除了税收，社会更关注的是企业的经营是否规范，因为它保障的是当地的和谐发展。如果一家企业经营不规范，那么就会带来很多问题。

例如：江苏盐城响水县的某家企业曾经发生爆炸事故造成了不小的伤亡，类似这样的事故其实还有很多，而事故的原因是什么？是因为企业在经营、运营、生产等过程中的操作不规范。这类事情的发生不仅会对企业本身的口碑或其他方面带来质疑和影响，更会对当地社会的经济、生态等方方面面造成不良影响，也会给当地的和谐发展带来很多阻碍。所以，第三个维度的目标，就是保证企业在安全规范下进行生产工作。

4. 第四个维度是员工

我们知道，一个企业的运行不可能由老板自己做所有的工作，还需要有员工来合力完成，所以第四个维度就是员工。那么员工在企业里追求什么？如果一个企业在运作之后，满足不了员工的生存和发展需要，那么员工大概率是会离开的，如此这个企业能长久吗？答案是否定的，这样的企业经营肯定不长久。

第一章 以终为始，梦想链接梦想

众所周知，富士康员工跳楼事件屡屡发生，就是因为企业不能保障员工的权益。无论是一家企业还是一个组织，都不能缺少像螺丝钉一样的成员，他们为了企业的发展和运作不断努力，也为了追逐自己和企业的梦不断前行，如果企业失去了他们，只靠创始人和管理者是万万不行的。

以上四个例子中企业问题的发生，从根本上来看就是在四维平衡目标中只关心了其中一个维度的目标所导致的。企业目标是一个体系工程，要系统地看待它。我们不能简单从一个维度去看待，否则企业发展过程就会出现各种危机。

所以，企业在设立目标时应该定一个四维平衡目标，即按照四维平衡模型（见图1-7）设计四维平衡表格，即"八表"中的"表二定目标"。在四维平衡模型中，这四个角度刚好构成一种辩证思维。当我们善用一种决策技术分析因果关系时，我们就可以分析看看这个因果关系是什么样的。

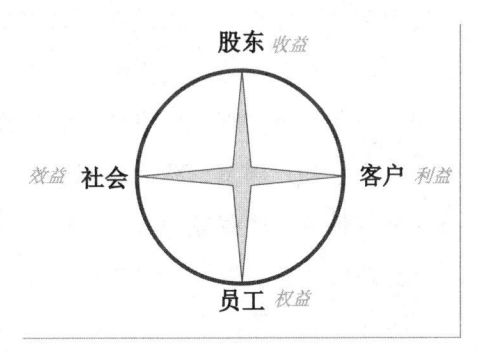

图 1-7 四维平衡模型

我们要获取股东收益，至少需要让客户满意。因为客户不满意，可能就会不买单，如果客户不买单，企业最终就产生不了收益。如果想要使客户满意，一个企业的经营过程就得规范；如果经营过程不规范，操作标准不合格，那么导致的结果就是产品满足不了客户需要，客户就会不满意，从而不买单，股东收益也就没有了。所以要让客户满意，过程就要自然规范，要符合社会生产、生活的一个标准。那么社会生产、生活的标准要规范，需要的就是高素质的员工。只有员工在企业中技术、能力、知识达标，同时又愿意把自己的知识、能力发挥出来，这时企业的经营过程才会规范。

在广州有一家超五星级酒店，2016年，有位研究绩效管理的老师给这家酒店做一个绩效的项目。刚去的时候企业领导告诉这位老师，酒店的生意很难做。老师就问领导是什么原因造成的。领导回答说："我们的员工服务差，客户都不愿意来，现在这条街上都是酒店，客户凭啥非得住我们酒店？"那么问题又来了，这家酒店的员工为什么服务差呢？后来老师了解到，原来这家企业员工的生产生活环境和他们上班的环境反差极大，员工们的住宿条件特别差，所以每位员工的状态都不佳。后来老师给了领导一个建议：首先改善员工的心情，才能解决酒店盈利的困境。如果员工觉得不满意，那就说明目标管理过程不规范，客户就不满意，客户不满意股东利益自然就没有了。

这四维目标是企业必须关注的四个角度，缺一不可。少了任何一个环节，都容易得到一个失败的结果。如果不关注股东利益，股东会撤资；如果不关注客户利益，客户会离你而去；如果不关注社会规范，企业经营肯定会受到影响；如果不关注员工的权益，员工愿意全心全意、全力以赴地工作吗？所以透过表象，看到事物的本质。我们会发现，企业要想股东收益，客户就得满意；要想客户满意，社会过程就得规范；而想要社会过程规范，从根本上讲，那就是员工的权益要得到保障。如果保证不了这一个权益，那上面的三个目标都是"水中花""镜中月"了。

四维目标平衡体系，诠释的是一个企业要关注的是一个目标体系而不是一个点，这样才能健康、和谐发展。万事万物都是一个综合体。我们不难发现，四维平衡体系的几个维度是有关系的。我们做一个形象的比喻，如果股东或利益是果实，那客户就是企业的花，社会的过程是干，员工就是根了。而根、干、花、果实刚好构成企业这棵大树。这一棵参天大树，要想枝繁叶茂，果实累累，那就得根发达。而根系要发达，员工就得有收获，员工得有成长。只有员工被赋能并且发挥自己的效能了，企业才能有后续社会过程、客户和利益的发展。

事实上，这个因果关系的根本在于员工满意。员工权益受到保障，是保障四维平衡目标达成的基础。那么怎么做员工才满意呢？从企业维度，我们要人尽其才，才尽其用；从员工角度，我们应该实现员工的四维幸福模型。即：安全指数、收入指数、公平指数、梦想指数。

因此，我们要明白两点：第一，企业应该是一个多维目标体系，第二，企业的多维目标体系之间应该是一个因果关系。那骨子里的根在什么人身上呢？在员工身上。

设立与检验四维平衡目标

那么，如何让员工这个根变得发达呢？我们说解决四维平衡目标，最终共赢的根本在于最底下这代表"根"的员工的权益是否能达到一个全面的保障。企业如何给员工保障？员工关注的又是什么呢？作为领导或是管理者，我们知道企业都是人尽其才，才尽其用的。在这个过程中，员工能最好地发挥出自己的能力取决于什么？图1-8呈现的是三维幸福模型，也就是说员工关注三个点。员工在组织里关注的第一点，是收入。普通员工，他们养家糊口，需要收入。关于收入，有人错误地理解员工总是要高报酬，其实这样的理解有失偏颇。大多数员工知道自己的状态，知道自己的人力资本现状，也清楚人力资本在市场的价格和价值。所以我们有时问员工："如果公司一个月给你10万元，你会怎么样？"他听到这个问题不是开心，而是紧张。他往往会回答："公司能给我这么多，肯定要我付出更大的努力。"

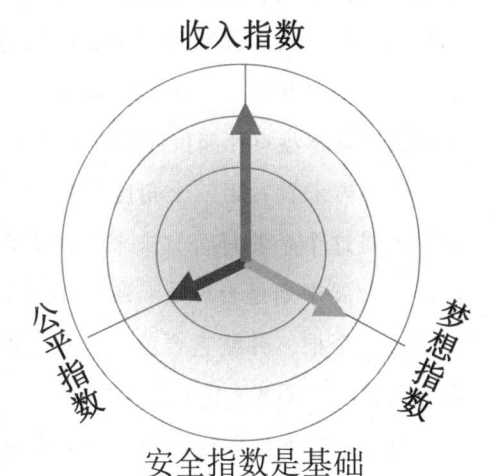

图1-8 三维幸福模型

所以，我们不要总认为企业中的员工就想追求高收入。在企业发展的过程中，员工想要的收入并不是高无上限，员工要的其实就是一种相对公平的收入，即相对于自己的付出所获得的收入是公平的。对于收入指数，不用去担心员工如果狮子大开口该怎么办，大多数组织的员工都清楚知道自己的状态和水平。所以，他对自己的收入期待会根据他的状态有一个合理的区间。

员工们情绪上更关注的就是第二点，即公平指数。与其说多少，还不如说公平。为什么呢？古语道：不患寡而患不均。很多情况下我们发现，对于最终的结果报酬，人们在乎的往往不是获得了多少的问题，而是获得的结果是否公平的问题，如果不是所劳即所获，而是不劳也可获，那么企业员工的心里就会产生不公平感，员工会觉得自己没有被企业公平地对待。

所以企业员工幸福模型的第二个点，就在于公平。一个企业要做到相对公平，因为绝对的公平是很难实现的。相对公平意味着员工在同等工作岗位上，拥有同等劳动力的价值，在同等付出的情况下，可以拿到相同的报酬。同岗位同价值这点很多企业做得是比较茫然的，因为企业领导无法评价他的员工是不是同质的，是不是同岗的，是不是同劳动力价值的。同岗可能还好评估，但同质同贡献，即他的人力资本价值、岗位价值和贡献价值如何评估呢？我们可能很容易就看到员工的人力付出或者岗位价值，但是他的人力资本价值和贡献价值，有时候很难衡量。所以就需要企业做一个岗位评价，即通过人力资本盘点和岗位评价的工作来完成公平指数。

我们再来看看第三个角度：梦想一个人愿意在一个群体里工作，他更为关注的是这个企业是否有未来；这个企业的梦想是什么；这个企业的梦想和自己的发展规划是否一致。所以，员工的三维幸福模型告诉我们：我们要把握企业这个根，并使它要茁壮。只有根茁壮、干规范、花鲜艳、果实甜，那财务收获的蛋糕才一定是最漂亮的。

我们透过现象发现本质，原来企业的思维目标说到底只有一条线，那就是员工的三维幸福模型。如果员工的这三个指数达标，那企业的发展一定是特别棒的状态。那些成功的企业都有一个特点，即公司中的每一个员工都在自己的岗位上得到了相应的报酬，达成了梦想。综上所述，这是我们讲的四维平衡目标。

表1-1是一个企业的课堂作业，我们从这张表中可以看到几个方面的内容，希望在阅读和学习完本节之后，每一个管理者、领导者也能填一填这张表，可以看看企业的目标有哪些，我们所在部门组织的目标是一个四维平衡的关系吗？是不是只关注了财务目标，而忘记了客户的、社会过程的，以及人才成长和人才开发的目标？这四个目标同样重要。

表 1-1 目标四维呈现表

"战略地图"的构成措施——四大平衡目标维度关系图（样表）			
财务（长期股东收益）			
客户（亲密的伙伴关系）			
（内部）过程	运营措施	客户措施	创新措施	法律和社会措施
员工成长发展	人力资本措施	信息资本措施		组织资本措施

对于这张表，我们还要解析一下。从财务角度，没有太多可以解析的，因为财务目标很明确，要么是盈利，要么是降低费用。客户角度也相对简单，过程角度会讲3～4个方向。比如，在规范运营措施的过程中，及时性，准确性；客户措施，跟进的及时性，准确性；创新措施，在过程操作中，哪些是组织创新？还有法律和社会规则的，国家规定或者行业规定的，保证整个过程更为规范，更为高效。这些都可以填写进表格里面。

第四行是从员工角度的人力资本来看，我们有人力资本措施，还有信息资本措施。人力资本措施包括我们的学习成长、培训转化及培训投资回报。那么信息资本呢？也就是员工的培训转化以后，人力资本外在获取的或内在获取的信息附加在人身上产生的一些资本。还有一个是组织资本，组织资本有哪些内容呢？比如，学习型组织整体形成的竞争优势；组织在发展过程中成长进化的人力资本留存率；人力资本优化之后形成的竞争优势；还有企业的发展过程中形成的知识产权等，这些都属于人力资本员工成长。企业的知识产权、知识资本在很多情况下是附加在组织员工身上的。

当我们填好这张表之后，会发现一个有意思的关系。如果是以一个公司作为蓝本研究这张表，就会发现公司层面的财务目标、公司层面的客户目标、公司层面的过程和公司角度的人员成本目标。而从人员成长目标整体来看，这四个目标之间是因果关系。也就说，财务角度的成长带来的叫"果"，那么过程和客户呢？客户是花，过程是干，员工是根。这些目标之间也是因果关系。

假如我们每一个角度都有几个目标点，那这些目标点之间，是因果关系吗？当我们在看这张表时，其实不是那么规范。这是一张样表，是一个学员的作业。所以我们在看以前的内容时，是需要纠偏的。比如，这张表上的财务目标是降低公司支出成本，从这个角度来看，这不是一个目标。降低成本，是降低多少？我们要符合SMART原则，既然财务角度有这个目标，那降低成本就得有一个度，这个度是多少，我们要把它界定清楚。这个目标看不见，摸不着，所以降低成本不好分析。所以其实这个表是不够规范的。把错误的表格拿出来分析，也是对大家的一种帮助。

表上写到，降低客户装修投入成本，而降低成本，需要符合SMART原则中的量化原则。在客户角度一栏写着：提高满意度。这一点也需要量化。而协助客户、提升收益，这两个目标没问题。之后这几个目标：按照公司规定，坚守原则，灵活运用，这几个目标都不是过程的目标，也不是过程目标描述的内容。客户措施角度的规定，我们要研究什么？比如服务的次数，跟进的方式，要把它具体界定出来。所以这位管理者在填这个表的时候没有准确地填出来。

同时，表格内容有"根据国家法规"的部分，那就要把具体的法规写出来。我们不是要描述目标，而是把具体的目标内容写出来。接下来的人力成本措施内容写得还可以，有流失率，但如果能再量化准确化或者指标化，就更为妥当了。

| 第一章　以终为始，梦想链接梦想 |

我们再来看，因为它的目标之间是因果关系，所以目标的点之间也会存在因果关系。当我们把公司级的目标全填入表以后，就会发现目标之间的因果关系会形成一条链条，多个目标之间就会形成多个链条。当形成多个链条时，我们会找到组织中的一条核心路径。而这个核心的路径将形成一张网状图，这种网状图，我们称为战略地图。

本节作业

用表1-1完成以四维平衡目标为主的关系图。如果你是一个企业管理者，请站在公司角度，拿出四维平衡目标表，将企业目标填入本表，用SMART原则检验之后，画出之间的逻辑关系图，你将会看出来这一年经营中的核心路径图是什么样子。这个表可以解决目标不聚焦的问题。

"战略地图"的构成措施——四大平衡目标维度关系图（样表）			
财务（长期股东收益）			
客户（亲密的伙伴关系）			
（内部）过程	运营措施	客户措施	创新措施	法律和社会措施

续表

	人力资本措施	信息资本措施	组织资本措施
员工成长发展			

第四节　企业绩效改进的五大桎梏

企业绩效的五个问题

讲完目标是什么，我们再来看看绩效在企业的工作中推行起来到底出了哪些问题。

在右边的模型（图1-9）中，我们列出了五大问题。其实，企业绩效改进应该是有六大桎梏，其中有一个是隐含的问题。随着对这些桎梏的分析解说，模型中隐藏的那个问题自然就会浮出水面了。企业在绩效推进的过程中实际面临的问题就是右边这张图上所体现的五大问题。

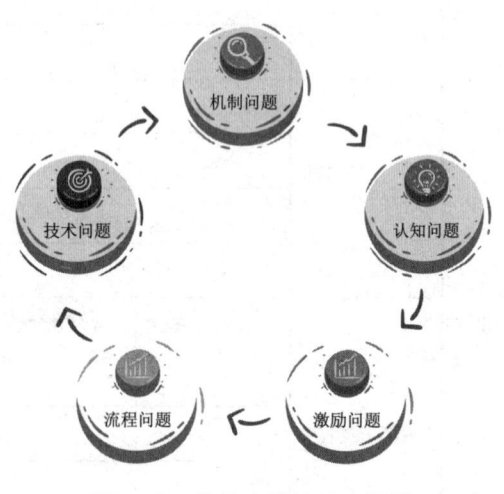

图1-9　绩效改进的五大桎梏

1. 机制问题

一般情况下企业的绩效推进起来有困难，面临的第一个问题是机制问题。所以有一句话经常会被提起，如果一个企业在机制上有问题，那就很难再有办法去解决了。因为这个问题，不在这个企业中的员工团队身上，也不在管理人员身上，而是在这个企业所处的时代和所处的大背景环境。

有人问：既然这样，还能解决吗？其实是能解决的，但是解决方法是进一步深化改革开放，这就不是单靠某个企业所能影响的。这样的问题一般容易出现在哪些企业中呢？我们探索一下就会发现，一些老牌国有企业中往往就会存在这样的机制问题。记得有一次，一位做绩效管理的老师在与一些老牌国企中的团队成员聊到这个话题时，成员们纷纷提出了同样的感慨。实际上，很多东西并不是一个企业想解决就能解决的，还需要一定的机遇。所以，这些问题随着组织的发展和进化，以及改革开放的深化是可以解决的。

读到这里，可能会有人提出：民营企业是否就不存在机制问题？要知道，老板的思维就是民营企业的机制问题。有一次在课堂上，有位学员分享道：很多时候制度是老板签批的，也是老板第一个跳出制度框架的。他说："其实我的老板就是第一个破坏规则的。"由此我们可以看到，并不是说民营企业就不存在机制问题。想要解决这种问题，就要和老板或是员工进行合理沟通。

2. 认知问题

企业绩效改进遇到的第二个问题是认知问题。如果企业的整个背景不是老牌国企，也不是一些企业管理者或老板有固有思维而形成的体制问题，那么这个企业最有可能存在认知问题。而对于认知产生的问题，其实不是大问题，是可以一起来研究讨论的。因为认知问题就是一个企业想不想、敢不敢和愿不愿，而不是会不会的问题。所以在很多企业中，我们会发现一个现象，绩效难做吗？不难做。不管是目标的背景还是 SMART 原则，或是我们讲的四维平衡目标，哪一个很难呢？没有很难的东西。

所以不难发现，企业其实有时候不愿意这么做。同样是阅读和学习这本书中的内容，但这些知识被不同企业领导者所运用的效果是完全不一样的。

有的企业只是听听、看看、读读，没有走心；但有的企业不仅能把书中的内容不断消化吸收，举一反三地融入自己的知识体系中，还能再运用到企业管理的实践上。

有做得特别好的企业，它们善于跟上时代的步伐，学习新的技术并勇于创新，也虚心听取市场的各类意见，愿意接受并尝试创新管理方式，寻找到最适合自己企业与员工的管理模式，他们的管理者就把学到的知识内容推行到企业运行的系统中。所以这些企业才会蒸蒸日上，而只有在这样的企业认知下，企业才能更好地发展成长。

其实认知不是会不会的问题，而是敢不敢、愿不愿、想不想做的问题。很多领导的角色没有摆正，没有情怀有情绪，并没有把自己的公司管理者角色认知清楚。缺乏情怀，没有动力，就会导致企业中出现问题，因此认知问题就是角色定位问题。

3. 技术问题

我们常常认为，企业绩效的问题是出在了技术上。其实并不一定，对于这个问题，我们更应该思考到底用哪些方法做绩效考核才是最合适的？有的领导者会说："我们想用新的方法。"新方法是有的，比如OKR目标与关键成果法。这是一套明确和跟踪目标及其完成情况的管理工具和方法，其主要目标是明确公司和团队的目标，以及明确每个目标达成的可衡量的关键结果。还有KSF关键成功因素法，它是信息系统开发规划方法之一，通过分析找出企业成功的关键因素，然后再围绕这些关键因素来确定系统的需求，并进行规划及全面绩效薪酬管理。它是公司战略目标和价值观转化的具体行动方案，是强调薪酬要素和绩效密切关联的重要体现。

当然还有很多其他的方法，但我们不要总想着标新立异。举个例子，如果给你姚明的外套，你能穿吗？穿不了。也就是说，方法千千万，合不合适很重要。

所以，企业的管理干部在推动绩效的过程中，在目标分解的过程中，需要时刻提醒自己：技术方法不要标新立异，适合的才是最好的。有的人在刚开始看书的时候就说："我们要去做KPI。"但是如果想要做KPI，企业得先有KPI才行，一个企业连KPI都没有，那从哪儿去做KPI呢？

如果要去流程化，就得先有流程化；要去标准化，就得先有标准化。所以企业绩效的技术方法，只有适合与不适合，没有最好，也没有越新颖的技术越好的说法。有的企业为什么绩效做出问题？别人用新方法，他也想用新方法，这么来回折腾，最后把自己都折腾坏了，这不是得不偿失吗？所以我们只能给一个建议，那就是找到最适合自己企业的技术方法。

4. 流程问题

流程问题是由结构引发，那结构又是由什么引发的呢？在第一部分第一节中，我们讲到了梦想决定战略，战略决定目标。而战略除了决定目标之外，还决定结构。由此带来的结果是，战略一变，结构就会产生改变。但是有的企业中战略开始出现或已经完成改变，可结构却还稳如磐石，迟迟没有变化的动静，这就导致流程出了问题。

这个部分在之前的内容中已经讲过，所以流程问题是由结构造成的。很多企业在推进绩效管理的过程中，发现组织成员不是全力以赴，而是全力应付。这什么原因呢？结构流程出了问题。这也告诉我们一个建议，在推动绩效管理过程中，我们的组织结构一定要与战略匹配。如果结构有滞后性，和战略不匹配，那当然会带来流程问题。

5. 激励问题

其实激励问题并不是个问题。可以这么理解，激励是人造出来的，为什么这么讲？因为激励问题确实是你心里想怎么做，就怎么做。有人会问："那就没解决办法了吗？"，加一个为什么，你就知道了。为什么薪酬激励不足，为什么奖金少？为什么待遇低？归根结底，就是企业分配机制中的内在、内核决定的，也就是如何看待组织中的人力资本和人力成本的问题了。

所以激励的问题，就是人心造成的。只要观念一变，问题自然就解决了。华为的任正非说过一句话："高薪可能带不来高回报，但是低薪一定是带不来高回报的。"

分析完前面五个问题之后，还会有一个绩效的应用问题，也就是我们的问题六了。有的企业从未好好用过绩效的结果，有的领导者还会这么想："绩效结果还不准确，丑媳妇不敢见公婆啊。"为什么？因为前面的问题理解得不明不白，操作得不清不楚，一塌糊涂，所以才不敢把绩效结果拿出来让组织员工直面看见，同时也不敢做绩效辅导。

绩效改进中桎梏的解决方法

既然出现了问题，那么接下来该怎么辅导和改进呢？首先我们要清楚，绩效应用的六大方向，这个在后面的内容中也会展开来讲。但是现在把这几个问题拎出来，是想说明：机制问题、认知问题、技术问题、流程问题、激励问题及应用问题，这是企业在推进目标分解、绩效改进过程中的六大桎梏。除了第一个机制问题，我们没办法仅凭学习就能解决，其他的五类问题，我们在后面的章节中将陆续拿出探讨对策，一起讨论学习，这些是我们可以解决的。

但怎么才能确定问题出在哪里？下面给大家一张表，这张表叫"绩效十八问"，见表1-2，我们一起来解析一下这张表。

这个表格的填写可以作为课后作业。我们在拿到这个表单以后，可以从自己的企业选一些管理者来一起打打分。

表1-2 绩效诊断问题表

尊敬的学员，您好，您的参与和意见对我们课程的成功至关重要，这将决定课程是否能为您的企业带来价值！请您务必花10分钟如实填写，我们的调研将采取无记名方式。我们也承诺为您信息的保密！

序号	问题描述	优5	良4	中3	差2	0
1	您的企业战略愿景，您理解吗？					
2	您的企业绩效目标分解明确清晰吗？					
3	您的企业绩效目标在考核周期内达成难度大吗？					

续表

序号	问题描述	优5	良4	中3	差2	0
4	公司高层重视绩效管理吗？					
5	您的直线管理干部组织绩效考核积极负责吗？					
6	您认同公司的绩效管理的价值和意义吗？					
7	您的企业在目标分解过程中与您协商沟通吗？					
8	您的部门组织与您及时地签订绩效承诺书吗？					
9	您觉得考核者对您的实际工作绩效了解吗？					
10	您觉得公司考核方法具体科学吗？					
11	您觉得公司考核过程太过复杂吗？					
12	您觉得您的评价指标能准确反映自己的工作绩效吗？					
13	您觉得绩效评价结果与您的工作实际一致吗？					
14	您对您的绩效奖金满意吗？					
15	您愿意在这样的激励下继续努力工作吗？					
16	您的上级对您在工作中有进行绩效辅导吗？					
17	您的上级有没有经常反馈您的不足并协助您一起查找原因？					
18	您有因绩效优秀被组织树为标杆并提拔的可能吗？					
合计：						
备注：	分值从低到高表示发生的程度或者频次。					

在打分的过程中，我们可以稍微关注一下各个问题维度（每三个是一个问题点，刚好对应我们刚才讲的六大问题，它们是配套的）在全部填写完毕之后，再仔细一瞧就能分析出具体问题到底出现在哪里，哪个维度的问题最大。以表1-2为例，我们可以一起看看这张表的重点问题在哪里。

本节作业：根据这一节的内容，请花几分钟，用空白的表1-2对你的企业做一个诊断，以利于复习和更好地学习后面的内容。这一节能带给你的就是绩效管理问题诊断表，希望能帮到你。

企业绩效问题诊断表

尊敬的学员，您好，您的参与和意见对我们课程的成功至关重要，这将决定了课程是否能为您的企业带来价值！请您务必花10分钟如实填写，我们的调研将采取无记名方式。我们也承诺为对您信息保密！

序号	问题描述	优5	良4	中3	差2	0
1	您的企业战略愿景，您理解吗？					
2	您的企业绩效目标分解明确清晰吗？					
3	您的企业绩效目标在考核周期内达成难度大吗？					
4	公司高层重视绩效管理吗？					
5	您的直线管理干部组织绩效考核积极负责吗？					
6	您认同公司的绩效管理的价值和意义吗？					
7	您的企业在目标分解过程中与您协商沟通吗？					
8	您的部门组织与您及时地签订绩效承诺书吗？					
9	您觉得考核者对您的实际工作绩效了解吗？					
10	您觉得公司考核方法具体科学吗？					
11	您觉得公司考核过程太过复杂吗？					
12	您觉得您的评价指标能准确反映自己的工作绩效吗？					
13	您觉得绩效评价结果与您的工作实际一致吗？					
14	您对您的绩效奖金满意吗？					
15	您愿意在这样的激励下继续努力工作吗？					
16	您的上级对您在工作中有进行绩效辅导吗？					
17	您的上级有没有经常反馈您的不足并协助您一起查找原因？					
18	您有因绩效优秀被组织树为标杆并提拔的可能吗？					
合计：						
备注：	分值从低到高表示发生的程度或者频次。					

第二章

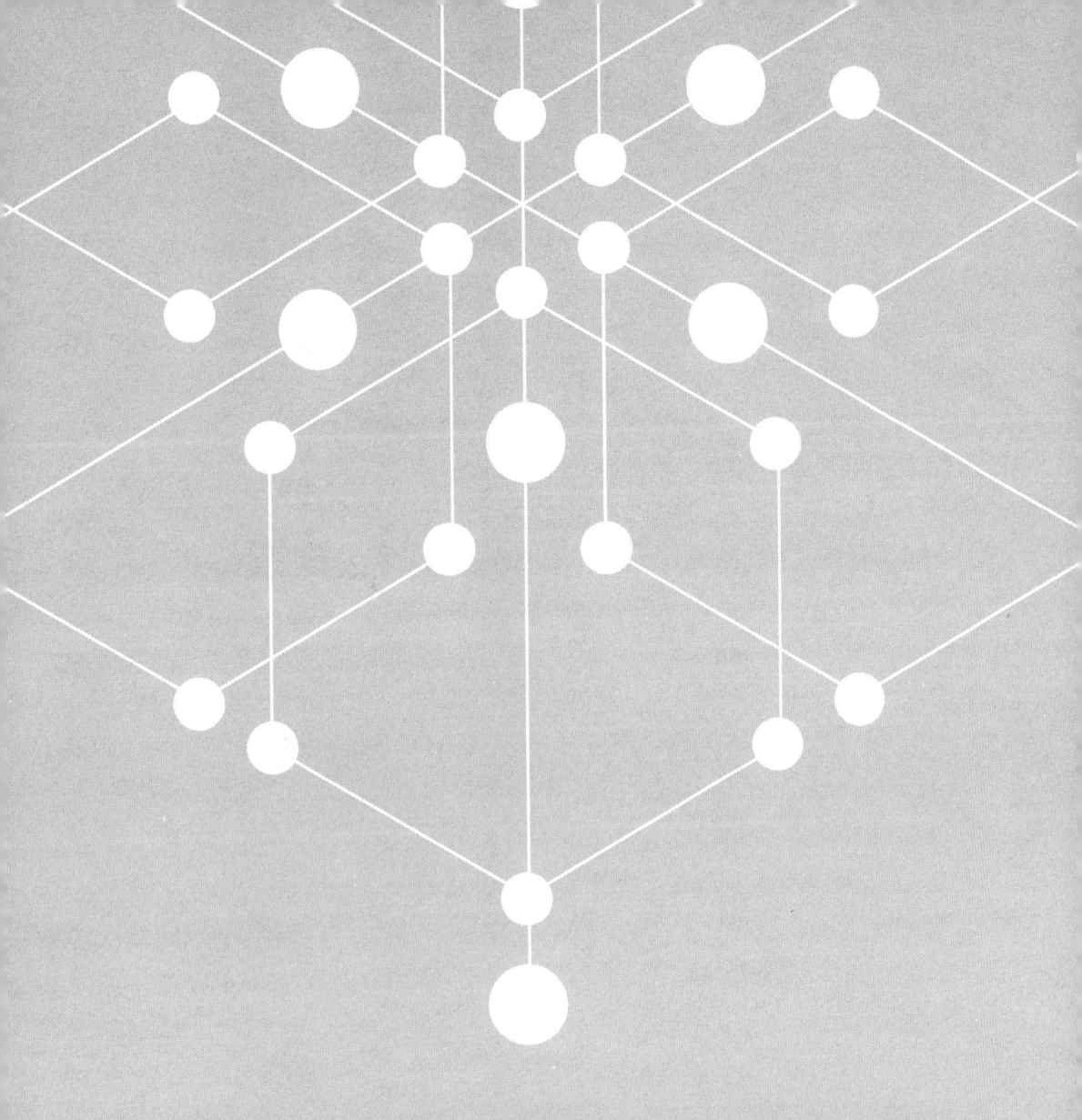

知己知彼，变被动为主动

| 第二章　知己知彼，变被动为主动 |

第一节　让员工从被动执行到主动行动

从这一章开始，我们将进入本书的第二大部分——变被动为主动。在我们阅读和学习完第一章之后，我们了解到绩效推进过程中出现的六大桎梏，甚至从宏观角度和微观角度看到了绩效管理推进中存在的问题。那么之后的内容就是渐渐寻求和学习解决问题的技巧方法和手段了。

从考核到管理，辩证看被动到主动的行动

这一节的主要内容是探讨从考核到管理这个从被动到主动的辩证关系中，如何更好面对或解决过程中出现的问题，这是为了在推动目标分解过程中的动能和流程问题被更好地理解和解决。

管仲是著名的经济学家、哲学家、政治家、军事家，被誉为"法家先驱"。在齐国财政危机日益严重，国库空虚，邻国之间战乱频繁且仍对其齐虎视眈眈的情况下，他以自己卓越的谋略实施变法，极大地调动了人民的积极性，从而使得齐国经济快速发展，变得国富民强，最终"九合诸侯，一匡天下"，当时并无远大志向的齐桓公一跃成为"春秋五霸"之首霸。他当时为发扬齐国而推行很多改革变法，比如专业化的商品经济模式等，至今都还在被各个企业所使用。

其实从绩效考核到 OKR 绩效管理也不是一下子就完成优化和改变的，它也有着自己的一个发展历程。在蒸汽时代（1769 年 –1873 年），最初的方法叫作人事管理，这是一种纯刚性考勤；后来在电气时代（1873年-1950年），人事管理不断改进后才慢慢形成了初代的绩效考核，这个时候，我们开始将这种管理方式和内容称作人力资源；随着经济和科技的继续发展，到了信息时代（1950年-2016年），我们迎来了绩效管理的优化模式，这个阶段我们称作战略人力资源；而人工智能时代（2016年至今）的到来和发展，使得绩效管理又有了新的突破，出现了柔性内驱的模式，我们将其称作人力资本。

由此可见，绩效本身也一直在不断完善和优化。所以作为领导者，我们对绩效员工的考核和管理也需要遵循一个过程，组织员工从被动到主动的适应绩效也是如此。循序渐进地发展企业绩效管理，并不断进行优化，才是可取的方式。

我们大家熟知的一位管理大师叫彼得·德鲁克（Peter F. Drucker），他在谈目标管理时说："在超级竞争的环境里，正确地做事很容易，始终如一地做正确的事情很困难，组织不怕效率低，组织最怕高效率地做错误的事情。"也就是说，细节决定成败要有一个前提，那就是在战略正确的前提下。只有战略正确，细节才会有意义，执行才会有意义。所以，组织要避免高效地做错误的事，就要研究组织的目标管理是否正确。

企业组织是研究绩效管理还是绩效考核呢？既然目标要高效，那么就要把绩效管理和绩效考核研究清楚，企业刚性绩效和柔性绩效，到底哪一个在目标管理的过程中才会有效？实际上，我们发现组织在推动绩效考核的时候往往是刚性的，在绩效管理过程中则是刚柔并济的。为什么这么说呢？

我们发现，绩效考核或者绩效管理是客观存在的。那么我们该如何才能让大家的感受变得比较舒服？为了解决这个问题，我们就得研究它的刚性和柔性两个方面，然后创造一种刚柔并济的良性感受。

绩效的本质原理

要把绩效刚柔并济地赋予团队，并且让组织成员都感到舒适，首先要研究绩效是什么。在这里，可能会有人回答："绩效就是成绩和效果。"从字面就可以这么理解，其实绩效就是组织想要的结果、行为和品质。既然组织在团队成员身上想要的叫绩效，那当企业将其想要的东西给组织成员的时候，是不是需要考虑一下成员们的心情？可是很多企业领导者在提出绩效要求或是提出绩效目标的时候，压根儿就没考虑过作为接受者的组织成员的心情，也没考虑过他们是怎么看待绩效。反正就是将一张表中量好的标准传递给了组织成员，要多少量，多少成本，规定得一清二楚，然后就让组织成员去做。

从图 2-1 中可以清晰看到，员工绩效等于储备性知识、程序性技能、内驱性动机的乘积。储备性知识和程序性技能的发挥完全取决于内驱性动机，所以绩效差不是员工没能力，而是员工没有动力，团队没有合力。调动员工的动机，员工才会选择付出，员工的努力程度和努力时长就是绩效管理本源问题。

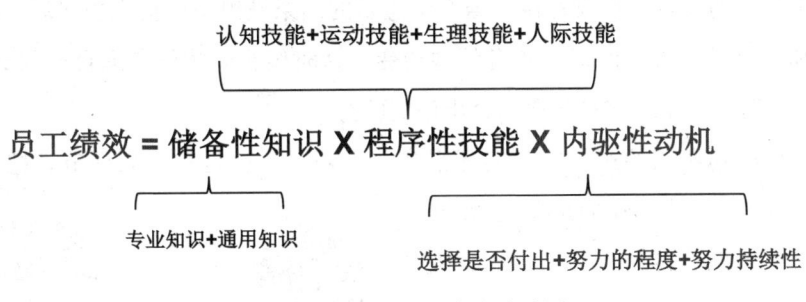

认知技能+运动技能+生理技能+人际技能

员工绩效 = 储备性知识 X 程序性技能 X 内驱性动机

专业知识+通用知识　　选择是否付出+努力的程度+努力持续性

图 2-1　绩效内涵结构关系图

图 2-2 这个模式告诉我们一个悲哀的事实，通常一些企业把绩效做成了考核，当员工做完之后，领导者只负责盖棺定论。很多企业在做传统绩效时都容易陷入四个误区：在设定目标时，目标自上而下指派，缺乏互动感知；在辅导组织成员时，辅导等于监督控制，缺乏教练自主；在推进绩效执行时，强制绩效达成比例，竞争大于合作；在评定结果时，强绩效刚性成桎梏，害怕挑战目标。

这四大误区对企业推进绩效管理造成很大的阻碍，这类企业从目标到考核的过程，实际上是只形成发送目标方——组织雇用方和接受方——员工方，而当这三者能握手言和时，大家才是动机一致的，团队才能合力达成目标。

| 强 绩 效 模 式 |

目标自上而下指派，缺乏互动感知；——目标

辅导等于监督控制，缺乏教练自主；——辅导

强制绩效达成比例，竞争大于合作；——执行

强绩效刚性成桎梏，害怕挑战目标。——结果

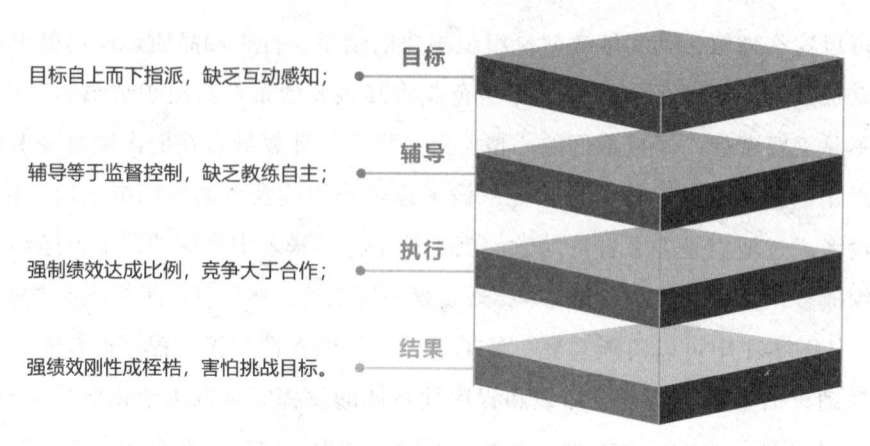

图 2-2 传统绩效四误区

在第一章梦想链接梦想中我们曾讲到，要想更好地推进绩效管理，就应该有一个梦想的背景。也就是说，当企业想要的结果被组织成员实现之后，能给企业和自身带来价值的提升和身份的转变，这时候企业才能考虑自己的成长。只有到这时候，组织成员才愿意付出他们的努力。

从目标到考核的过程中其实还会多一个环节，就是教练的环节。把一个目标交给团队时，我们应该考虑的是什么？是怎么传递给员工。那么该怎么传递呢？这就需要研究一下要如何表达，才能让组织成员"左右脑并济"，从感性入手，用理性分析理性的问题，感性分析感性的问题。当理性升华时候，我们会忽然发现，企业组织一直想要的结果、行为和品质，员工自己已经愿意做了。只有组织成员愿意接受，愿意承担，这才叫一个团队。这时候，大家在一起才是围绕一个共同的想法去工作。

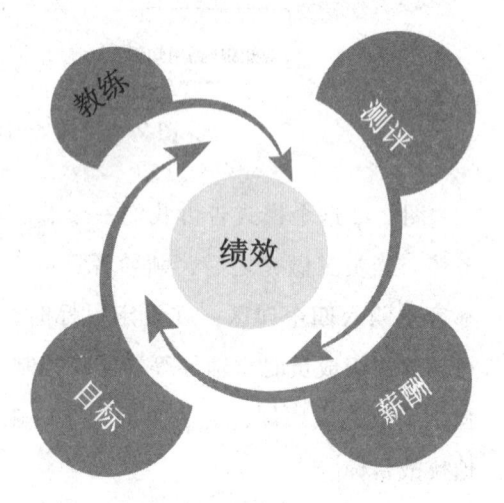

图 2-3 绩效考核关系图

所以绩效是什么，绩效就是组织想要的行为、结果和品质。而要把它赋

予团队成员,让这个团队去实现这些东西,那就需要我们继续研究。在整个绩效考核过程中,我们要做的第一个环节是什么?那就是我们应该做好教练。同时还有一件事情,我们要注意,企业提出的目标背景与当事人接触的背景之间,还有一个文化背景体系,这该怎么去理解呢?

我们知道,考核是用一种综合方式评估员工工作绩效,即绩效考核＝品质特征法＋定性行为法＋定量结果法＋预测分析法。而在绩效考核中,管理者往往重视的是定量结果法,因为其简单而且单一,维度与薪酬挂钩,但这样的模式往往比较容易伤害员工的主动性。由于我们的目标是企业组织要求的绩效背后所带来的梦想,所以我们要通过教练的手段传递给我们的下属或团队,以及我们的目标接手方。然后,当目标达成一致时,我们再去评测或者测评。

为什么不叫考核呢?因为考核是一个盖棺定论的事情,是往回看的。但是测评是为了往前看,也是能够前后兼顾的事情。一个员工的考核业绩可能一般,但是他未来的潜质不一定就是一般的,所以领导者在看人的时候就要以动态的目光去看。测评是一个绩效管理中的考核,它是根据员工当下的绩效和未来的潜质综合评估的,并不是对当下完成的工作量的一个评估。可是,我们很多企业现在在做的考核就是对员工过去完成情况的一个盖棺定论。

如果没有完成,那就是错的、不好的,如果完成了,那就是好的、优秀的。如此,就是将组织成员做事的结果性质一分为二,非黑即白、非好即坏。其实,我们在测评和评估一个组织成员的时候,是需要结合他的背景来看的。测评完之后根据相应组织成员的绩效和前置来考虑薪酬的问题,这就是我们讲的成功的绩效考核过程。

绩效管理与绩效考核

绩效管理是什么样的呢?其实绩效管理刚好比绩效考核多了一个主动的关系。之前讲述绩效考核的时候加一个教练,好似有点主动,但是我们发现,如果大家不在一个共同的背景、愿景或梦想下,那么谈任何方向都是白费口舌,做无用功。所以从图2-4这个简易圆盘图里看到,战略方向是组织的具体目标指标,是组织要求的考核评估,是组织做的薪酬发展,是组织定的。

我们的传统企业一直在做这个循环，却从来没考虑过按系统化去甄别、去确定，大家一起沟通、协商来达成一个共赢的目标后，再把它传递下去，教会大家如何去做并一起查漏补缺，惩前毖后。

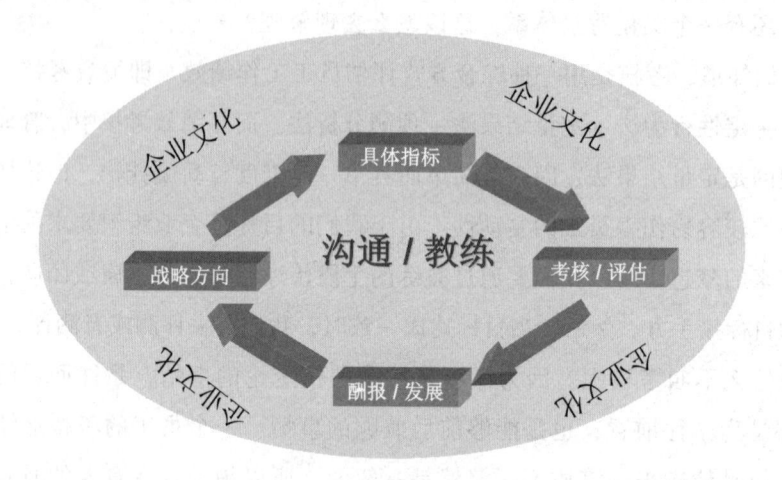

图 2-4　绩效考核与绩效管理的关系

如此，就需要有一个共同交流的文化，同时还要以沟通和教练为核心。很多企业的绩效考核为什么被动？是因为企业一直在做的是绩效考核的循环，但没有做到沟通与教练。其实我们会发现，在很多情况下，沟通沟通再沟通是绩效的核，教练是绩效推进的心。而这个核心，必须在企业文化的背景下才能实现的。

可以这么讲，绩效管理的主动体现在绩效管理把原来那个从上而下传递的单项目标分解体系变成了一个沟通教练的双向沟通体系。单项是被动强压式的沟通，教练是双向互动式的沟通，而单向强压根本就没考虑员工的承受能力和团队的意愿。我们在绩效管理的过程中，要更加重视企业文化的背景，在共同的愿景、背景和价值观的环境下才能形成合理的管理方式，从而让组织一起沟通、教练，形成方法工具，把指标变成要求，进而变成需求。这时候我们再去考核评估的时候，组织成员才会有动力。

图 2-4 揭示了绩效考核与绩效管理的关系，同时也反映了主被动的关系。小结一下，绩效管理和绩效考核都是一个循环。绩效考核是一个刚性的循环，

其目标分解是从上到下的，强压式绩效管理的绩效考核。虽然与绩效管理是同方向，但是从上到下沟通协商互动时，绩效考核的信息是单向的，而绩效管理的信息是双向的；绩效考核的过程是刚性的，而绩效管理就是刚柔并济的；绩效管理是一个共通的双向循环，但绩效考核是一个依次顺时针的单向循环。那么绩效考核带来的结果是在一段时间中可以让组织绩效卓越，可以让组织受益，但不能让组织可持续发展。而绩效管理却可以让组织和员工共同成长，共同受益，让企业基业长青。这就是绩效考核和绩效管理的区别与联系了。

> **本节作业**
>
> 查阅相关资料，结合本节讲的内容，对绩效考核和绩效管理的主被动关系进行解码，形成两个对照表，可以从应用范围、洽谈、实施过程、操作流程、指标分解的问题、反馈结果处理、绩效激励等方面做一个区别。我们很多人不愿意进行双向目标分解，是因为我们一直沉醉在绩效考核单项的权威中。请用一张白纸列举出来考核与管理的区别，并细细品味一下，我们该做什么样的绩效管理才能解决企业的实际问题。

第二节　绩效考核与管理的误区

绩效考核与管理的困惑

在企业绩效考核的实践中，大多数人从来都没有达到过自己的目标，其原因在于他们根本就没有定义过自己的目标，或者是从来都不认为自己所定的目标是可信的或可以达到的。但是那些成功地达到自己目标的人很明确地知道自己要去哪里，会沿着这条道路做些什么，以及哪些人会在这条道路上与他们并肩战斗。上一节，我们解析了绩效考核与绩效管理的区别，那么在这一节中，我们的目标就是一起看看企业绩效考核和管理在推动过程中有哪些困惑，这些困惑的内容到底是什么。

谈起企业，绩效一直都是亘古不变的话题。绩效推进的过程，实际上就是一个PDCA循环的过程。PDCA循环是美国质量管理专家休哈特博士首先提出的，由爱德华兹·戴明（W. Edwards. Deming）博士采纳、宣传，获得普及，戴明将休哈特的PDCA循环修正为Plan-Do-Study-Act，更真实地反映了这个过程的活动，所以它又称戴明环。

戴明博士是世界著名的质量管理专家，他因对世界质量管理发展做出

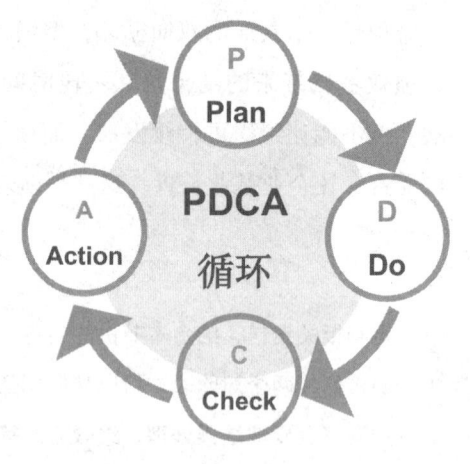

图2-5 绩效管理四大基本内容

的卓越贡献而享誉全球。以戴明命名的"戴明品质奖"，至今仍是日本品质管理的最高荣誉奖。PDCA循环应用了科学的统计观念和处理方法，是发现问题和解决问题的有效工具，其典型的模式被称为四个阶段（P、D、C、A）、八个步骤和七种工具。它是能使任何一项活动有效进行的一种合乎逻辑的工作程序，特别是在质量管理中得到了广泛的应用。比如，可以分析质量问题中的各种影响因素，并针对这些主要因素采取合适的解决措施。

对于质量管理的思想基础和方法，其依据就是PDCA循环，它的含义是将质量管理分为四个阶段：P就是计划（Plan）阶段，我们要研究目标跟愿景的关系，研究目标分解再到计划行动的一个过程。包括方针和目标的确定，活动规划的制定。D（Do）就是执行阶段，我们要做好每一步骤计划的行动点，根据已知的信息，设计具体的方法、方案和计划布局，再根据设计和布局，进行具体运作，实现计划中的内容。C（Check）是检查，总结执行计划的结果，分清哪些对了，哪些错了，明确效果，找出问题。要检查反馈每一个计划点的操作结果及它的节点，同时把这个结果反馈到我们的计划阶段去。A

（Action）是处理，即对总结检查的结果进行处理，对成功的经验加以肯定，并予以标准化；对于失败的教训也要总结，引起重视。对于没有解决的问题，应提交到下一个 PDCA 循环中去解决。

企业领导者应该都对 PDCA 很熟悉，在日常工作中会遇到，也会接触到，甚至还会这么去做。但我们在推进绩效管理最大的困惑和难点在哪里呢？我们往往做计划的能力是很强的，但是执行、检查和反馈的过程有时候会很纠结，也很被动。同样是做完计划之后，我们该如何去实施，实施过程中又会产生有哪些问题？是谁让这个实施过程出了问题，是谁在反馈过程中让问题不得以落地，又是谁在检查阶段玩忽职守呢？

所以，绩效管理过程有四大基本内容。1、目标：我们在第一部分"梦想链接梦想"的时候讲到，目标确定是一个双向的过程，必须研究目标背后的关联，那目标确定的主体是组织还是个人呢？ 2、计划：计划是组织管理干部和团队预期的，应该谁来做呢？ 3、辅导：这是管理干部的工作，那企业谁来进行辅导呢？ 4、反馈：反馈不是人力资源部的事，而是直线管理人员该做的。为了弄清楚到底出了哪些问题，我们得做一件事情，也就是通过 PDCA 的循环研究企业绩效推动中的循环，研究每一类人在推动中的优势、劣势、威胁和机会。

其实这一节内容很简单，就是告诉大家一个用于推动绩效管理过程中的工具，这个工具可以帮助我们寻找谁出了问题，如何检讨问题，通过哪些工具或方法能把这个问题找到。这个工具的使用过程很有必要，而且是我们在推动绩效目标分解、执行、检查和反馈过程必须前置的一个过程。如果不进行这个过程，这些困惑就会一直萦绕在整个绩效管理推进的全流程。由此可见，在绩效推进之前，组织成员变被动为主动时，必须一起探讨清楚在 PDCA 循环过程中，到底是哪一类管理干部或者哪些人员出现的问题，从而导致企业的绩效管理推进起来存在各类困难。

关于如何去检讨和分析，我们把 PDCA 和 SWOT 结合起来，形成了一张综合分析表。那么此时要注意一件事情，在进行目标实施过程中会出现一些不可预测的问题，比如，目标实施的环境、条件、资源、人员等发生了变化。当遇到这些问题时，我们需要根据实际情况对目标进行及时的调整和反馈。

如果我们能前置到在实施过程中发现各类条件、环境、资源发生变化，那我们就能前瞻性地看到，并可以根据实际情况做一些前瞻性的调整。让我们在企业绩效的推动中反思整个循环，哪些人、哪些事值得我们去关注；哪些是优势，哪些是劣势；哪些是危险，哪些又是机会。很多情况下，不是我们不愿意知道这些问题，而是我们把它忽略了。

有人曾经问过很多企业的领导者在企业发展和绩效管理的推进中，有没有反思过整个循环过程，很多领导者都笑了笑说"有在做"。可是他们是怎么做的呢？不过是"你好我好大家好"这般糊弄着就过去了，实际上这是把吵架后移了。如果我们在绩效管理的计划阶段，在研究 PDCA 循环的时候，能前瞻性地看到每一类推动绩效的组织成员们的优势、劣势和威胁、机会，那我们就可以在推进过程与实践中把这一个问题消化到影响最小的程度。虽然不可能彻底解决这些问题，但至少能避免其中的一些问题对组织不造成决定性的或致命的影响。

SWOT 优劣势分析表

面对这种反馈或阻碍，我们该如何去行动呢？我们需要沿着绩效推进 PDCA 循环去不断反思和自查，以及重点了解如何去用。在此之前，我们先看看 SWOT 分析表，这个表并不像我们想象的那么复杂。它是将与研究对象密切相关的各种主要内部优势、劣势，外部的机会和威胁等，通过调查列举出来，并依照矩阵形式排列，然后用系统分析的思想，把各种因素相互匹配起来加以分析，从中得出一系列相应的结论，而结论通常带有一定的决策性。S（strengths）是优势、W（weaknesses）是劣势、O（opportunities）是机会、T（threats）是威胁。按照企业竞争战略的完整概念，战略应是一个企业"能够做的"（即组织的强项和弱项）和"可能做的"（即环境的机会和威胁）之间的有机组合。

借用 SWOT 分析表制定团队绩效执行、分析计划的基本思路是：发挥优势因素，克服弱点因素，利用机会因素，化解威胁因素，考虑过去，立足当前，着眼未来。运用系统分析的综合分析方法，将排列与考虑的各种环境因素相互匹配起来加以组合，得出一系列公司团队绩效推进发展的可选择对策，可灵活用来分析团绩效推进过程中人员的情况分析。在后面，我们将会把它和 PDCA 循环结合在一起使用。

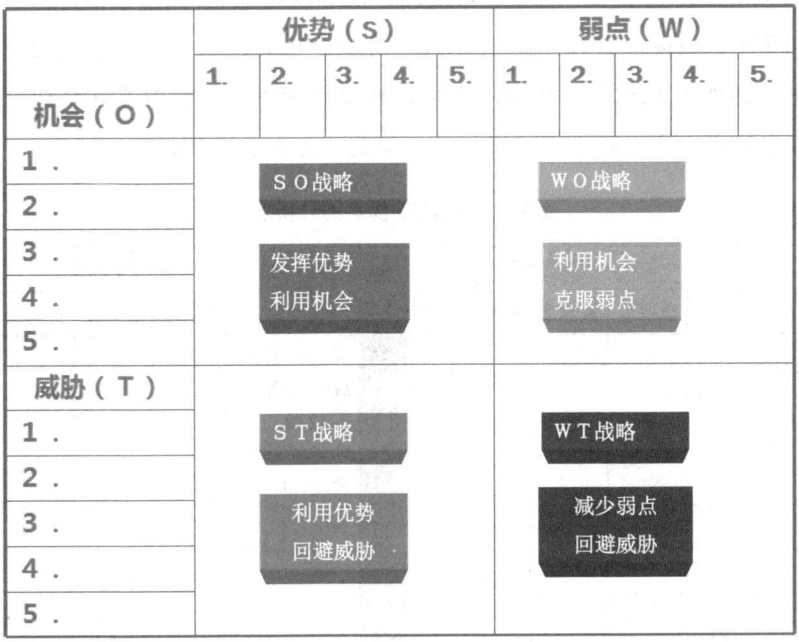

	优势（S）					弱点（W）				
	1.	2.	3.	4.	5.	1.	2.	3.	4.	5.
机会（O） 1. 2. 3. 4. 5.	SO 战略 发挥优势 利用机会					WO 战略 利用机会 克服弱点				
威胁（T） 1. 2. 3. 4. 5.	ST 战略 利用优势 回避威胁					WT 战略 减少弱点 回避威胁				

图 2-6 PDCA-SWOT 综合分析图

在计划阶段，要分析各类人员的优势、劣势和威胁、机会，在实施阶段，甚至是最后的反馈和检查阶段更是应该做这个事情。但很多企业往往是在做完目标设立之后便跳过这一步，直接进入目标和计划的对接过程，没有研究自己企业中的管理干部、员工或整个团队的优势、劣势和威胁、机会。

在研究完这些内容后，我们就会知道在推动绩效计划、落地绩效管理，甚至于绩效考核、评估的过程中，哪些部分可以发挥企业成员的优势，哪些可以借用我们的机会，企业又能克服哪些弱点，回避哪些威胁。这些内容两两一组合就像图 2-6 中展示的那样，我们会知道 SWOT 分析可以研究出来一个组织的战略：发挥优势利用机会，即 SO 战略。因此，我们推动绩效管理过程中，在计划实施和反馈检查阶段，同样可以采取发挥优势。

比如，企业领导很重视的话，那就可以借企业领导这个东风去推动机会；如果企业刚好遇到变革，那么利用变革期也可以解决这个问题。这时候分析势在必行，而且是很必然的第一件事情。如果发现有机会，而且有弱点，那利用机会克服弱点叫 WO 战略；利用优势回避威胁是 ST 战略；减少弱点回避威胁叫 WT 点战略。这几个是从 SWOT 角度分析的，当把这些综合起来再进行改进，并加上 PDCA 循环后，这张表其实是四张表，也就是在绩效管理推进的四个阶段，这是我们必须进行的一张表（如表 2-1 所示）。

表 2-1 SWOT 优劣势分析表

区分	内容	优先顺序				区分	内容	优先顺序		
		重要度	紧急度	影响度	NO			重要度	紧急度	影响度	NO
S	优势：国企，诚信度高；合作政策灵活	4	4	4		W	劣势：开展战略合作业务较晚，品牌知名度低，合作伙伴少	5	5	5	
O	机会：空白区域多，发展平台大，有能力可尽情发挥	4	3	3		T	战略合作开拓期，业绩见效周期长，人员稳定性差	5	4	4	
备注：重要度、紧急度、影响度，三度按照很重要、重要、一般、不重要、很不重要的维度分为 5、4、3、2、1 分。												

要想企业能更好地解决绩效推进中的问题，我们必须使用 SWOT 优劣势分析表，这是我们在本书中提供给大家的表单，这张表的内容填写也会作为这一

节结束后的作业。表单内容不一定是最完美的,但是一定是真实发生过的。

表2-1中这张作业表是某位学员在自己企业的计划阶段,分析企业的优劣势后填写的。以这张表上的内容为例,我们可以进行一番分析:这个企业的优势在于它是一个国企,其诚信度高,合作政策灵活,是一个先进的、市场化充分的国企。这一点优势的重要度是4;紧急度也是4,也就是说目前国家政策在这方面是特别灵活的;影响度也是4,这个分已经不低了。那么有没有否决项呢?没有否决项,但这并不是说否决项出现或不出现之后的步骤就做不了了。

第二个内容是劣势,这个企业开展战略合作业务比较晚,也就是说之前,只是在自己领域里耕耘,没有打开市场,所以品牌度、知名度比较低。以前只忙着做生产,埋头干活儿,没有抬头看路,没有打开市场去看一看。所以这就告诉企业,这个部分的重要度是较高的。

在当前的市场经济环境下,这确实是一个劣势了。原来还可以埋头拉车,不用看路,但现在才发现,这种情况是被动的,只是做工作、生产,而不去宣传和发展,那么就会发现没人知道这家企业,所以影响度和紧急度很高。这是表格中分析到的劣势,那否决项呢?既然这家企业现在还生存着,也就不用说这个项目的否决项了。机会在哪里呢?机会就是这个企业所从事的领域空白区域多,发展品牌大,有能力可尽情发挥。这个部分的重要度很高,那紧急度和影响度就不大了,也就是说,企业是高新领域,且这个领域空白比较大,谁占领市场,谁利用好政策,谁就能发挥机会。而劣势呢,这家企业目前是新领域转型过来,开拓业绩周期长,稳定性差,重要度很高,而紧急度不是一天两天能解决的。

希望大家能在学习绩效管理之前尝试填写这张表格,并在之前先进行分析。最好也能交给企业中不同类的成员来填写,至少可以选三类成员。

比如,第一类成员就是公司高管,高管层在公司中是主导绩效管理的,我们填一填这张表,再看看绩效推进的优势、劣势、威胁、机会;第二类成员选择中层管理者和人力资源部门的三到五位。第三类成员就是选择几名员工代表,一般不超过五位——为了获取一定的样本量,所以选择20位以内就可以。为什么不能大批量去做，因为很多情况下，数量多不一定带来结果就好，其实大家是趋同的。

两三位高管，三五位的中层管理者，加上五位左右的基层员工共同来填这张表，我们就可以从三个层次获得大家一起在公司绩效推进过程中的问题、机会、优势、劣势。加以综合分析之后就能得出，哪些重要度高，哪些紧急度高，哪些影响度高，哪些一旦出现，企业的绩效管理就没法推进了。

这张表可以作为一个透视，就像我们生病去医院要做 CT 一样。这张表是我们在推动目标分解之前做的一张 CT 表，对企业的高、中、基三类成员在推动绩效过程中、计划阶段、实施阶段、检查阶段、反馈阶段做的工作，能从重要度、紧急度和影响度、制约的否决条件角度去透析。四类指标分解完之后，我们就可以看出，这家企业在推动过程中是利用机会发挥优势，还是克服弱点解决危机。企业领导者需要从中选择一种推进绩效的思维方式。

本节作业：本节课后作业：为解决企业绩效推进的实在难题，在推动目标分解之前把各类情况摸个底，完成表格的内容填写和自我思考。

区分	内容	优先顺序				区分	内容	优先顺序			
		重要度	紧急度	影响度	NO			重要度	紧急度	影响度	NO
S						W					
O						T					

SWOT 优劣势分析表

备注：重要度、紧急度、影响度，三度按照很重要、重要、一般、不重要、很不重要的维度分为 5、4、3、2、1 分。

第三节　绩效管理三大方法

绩效管理的发现与 MBO

这一节，我们来解决一个问题，那就是企业在推动绩效管理过程中，可以用哪些方法解码所设立的目标和分解预定的指标。现实生活中，其实我们有很多方法可以选择，比如四类三项。为什么叫四类三项呢？所谓四类就是 MBO、BSC、KPI 和 OKR，本书把 KPI 和 OKR 归在了一起，所以它们就变成了三大类，即三大方法体系。这几个方法随着历史的发展不断演变和完善，至今仍被无数企业所使用，甚至在企业绩效管理过程中，我们最常用的很多方法技术都源于这些内容。

MBO	KPI	OKR
强调意义和价值	强调管控和执行	强调沟通和管理

图 2-7　从 MBO 到 KPI 再到 OKR 发展历程

绩效的发展是从 1967 年彼得·德鲁克的 MBO 开始，到乔治·杜兰（George Duran）的 SMART，罗伯特·卡普兰（Robert Kaplan）和戴维·诺顿（David P. Norton）的 BSC、KPI，直至如今约翰·道尔（John Doerr）的 OKR。我们在实践使用的过程中不断归纳整理发现，这些绩效管理的万法皆通，大道至简，其核心的理念不是最佳是最好的，而是最适合才是最好的。我们知道，绩效管理从原来的上级思考，下级执行，到上下同欲，协商制定企业绩效计划，落地企业战略目标，这是企业绩效发展的一个必然趋势。企业选择哪一个绩效方法才最适合？我们在接下来的内容讲述中，将逐一分析介绍。当然方法不仅仅有这几个，但现阶段很多企业主要还是围绕这四类三项，所以本书中就不再涉及其他方法的讲解了。

按传统来看，绩效管理有三大方法，MBO、BSC、KPI/OKR。第一个方法MBO，即目标管理体系，这是彼得·德鲁克提出并倡导的一种科学优秀的管理模式。

很多企业目前都在用这个模式经营与管理企业的发展。企业本来就是一个目标传承的体系，德鲁克的目标管理体系恰好是一个从上到下的分解体系，它重点强调了组织的参与、团队的参与及各级管理者的合理发挥和团队智慧的发挥。这并不是一个刚性的，从上往下压指标或目标的过程。所以和MBO（目标管理）相关的书籍内容，相信每一位职场管理者学的都比较多了，在这里就不再做详细的介绍。想详细了解的，可以通过一些管理书籍阅读学习，查漏补缺。

除了MBO的相关书籍需要大家去了解之外，其他内容在这里都会进行一个简要对比，并形成一张有意义的表。这张表帮助大家在选择绩效管理方法时提供一些帮助或参考。

MBO目标管理是以目标为导向，以人为中心，以成果为标准，使组织和个人取得最佳业绩的现代管理方法。它根据注重结果的思想，先由组织最高管理者提出组织在一定时期的总目标，然后由组织内各部门和员工根据总目标确定各自的分目标，并在获得适当资源配置和授权的前提下积极主动为各自的分目标奋斗，从而使组织的总目标得以实现的一种管理模式。所以，目标管理亦称"成果管理"，俗称责任制。这是为了企业能在个体职工的积极参与下，自上而下地确定工作目标，并在工作中实行"自我控制"，从而自下而上地保证目标实现。

另外，德鲁克还强调了团队的参与，大家共同协商来确定组织目标。但在现实生活中，尤其是我们本国的企业，很多情况下，目标虽然是从上到下这么划分承接下来的，可有时候组织成员会由于没机会与上级交流沟通，最终导致在目标管理过程中将绩效管理做成了单向推进。

组织成员们会反映一个话题，目标是否有讨价还价的余地？是否领导、管理者怎么说，基层人员就需要怎么做？企业管理者在阅读和学习本书之后，而去和自己的组织、企业达成共识。其实这和我们在第一章讲的梦想链接梦想中关于目标的部分所提到的概念是一致的。

绩效管理的方法之 KPI 和 OKR

第二个方法，也是我们要重点讲的方法：KPI 和 OKR。KPI（Key Performance Indicator）是关键绩效指标，是通过对组织内部流程的输入端、输出端的关键参数进行设置、取样、计算、分析，衡量流程绩效的一种目标式量化管理指标，是把企业的战略目标分解为可操作的工作目标的工具，也是企业绩效管理的基础。KPI 可以是部门主管明确部门的主要责任，并以此为基础，明确部门人员的业绩衡量指标。企业建立明确的、切实可行的 KPI 体系，是做好绩效管理的关键，它常常用于衡量工作人员工作绩效表现的量化指标，是绩效计划的重要组成部分。

而 OKR（Objectives and Key Results）则是目标与关键成果，是一套明确和跟踪目标及其完成情况的管理工具和方法。其主要目标是明确公司和团队的"目标"，以及明确每个目标达成的可衡量的"关键结果"。有本书将 OKR 定义为"一个重要的思考框架与不断发展的学科，旨在确保员工共同工作，并集中精力做出可衡量的贡献。"[1] OKR 可以在整个组织中共享，这样团队就可以在整个组织中明确目标，帮助协调和集中成员的精力。

那么这两者之间有区别吗？有人说它们之间的区别是：KPI 从上往下分解，即从战略出发的关键指标。KPI 是"要我做事情"，强调了组织目标的达成，还强调了各级公司及组织团队、个人层层分解下来，保质保量地完成预定目标。它代表的是关键绩效指标。

而 OKR 则是"我要做事情"，它强调了 KR，也就是关键结果量化，并非 O 目标的量化。它是对于做完某个目标后出现的关键结果是否能被接受的过程，组织成员要做的原因是因为目标实现之后，其 KR 能出现。但是 KPI 强

---

[1] Objectives and Key Results: Driving Focus, Alignment, and Engagement with OKRs

调的是，组织要的是个人或团队目标的实现，至于关键的 KR（你关注的或者我所要的结果）能不能出现，已经不是组织要关心的事了。

有的人始终觉得，当时设计 KPI 的时候，最初可能想的跟 OKR 一模一样，也就是目标实现之后，组织成员便也能达成共识了。就像在之前的内容里讲到的，KPI 也是从目标往下走的过程中，双方目标价值愿景达成一致的过程。很多企业这么多年只是把 KPI 给做偏了，他们一味强调 KPI 的组织行为性和组织要求性，却忘记了 KPI 的结果实现之后还需要带着背后实施者的目标。所以，后来有人就提出了 OKR，以此强调对项目的推进代表的目标和关键，最终使得两个方向都重视，且更应该关注关键结果的出现。实际上，谷歌把这个提出来的时候一般用于它的项目，后来 OKR 就渐渐过多运用于互联网企业的一些项目管理过程中，而 KPI 则是和原本的层级关系，也就是科层制的组织关联。

那 KPI 和 OKR 这两个概念方法从根本上是否有区别？其实这两个体系，目前每个组织企业都在用，两者相互间谁也无法真正地替代谁。因为谁取代谁并不重要，我们要的并不是完美方法和模板，而是最适合的。从方法角度讲，哪个是适合的，那么企业和组织就会选择用哪个。就像做一件事，硬件设备很先进，但使用者不会操作，那又有什么用呢？OKR 再先进，它不适合某个企业，用了也只是徒增烦恼。

绩效桎梏第三个问题，也就是我们在第一节讲到绩效管理推进桎梏问题的时候，提到的第三个技术问题。很多企业在 KPI 和 OKR 的选择中纠结着，有的人认为应该运用 OKR，因为其他企业运用了之后发展得很好，如果自己的企业组织不这么做，可能就没法达到先进水平。但实际很多情况下，不是方法先进、技术先进，企业的产出就是先进的，还要考虑企业组织的现实情况和组织的管理环境，找到合适的绩效评估方法才是最重要的。KPI 是组织适合科层制，适合从上到下的分解过程。OKR 强调让大家形成合力，即"我要做事情"，强调了 KR 的结果，而非 O 的量化。这时候就会发现 KPI 和 OKR 两者区别。我们可以细看下图 2-8、图 2-9 和图 2-10，并进行一个图解。

第二章 知己知彼，变被动为主动

图 2-8 KPI 与 OKR 的区别 1

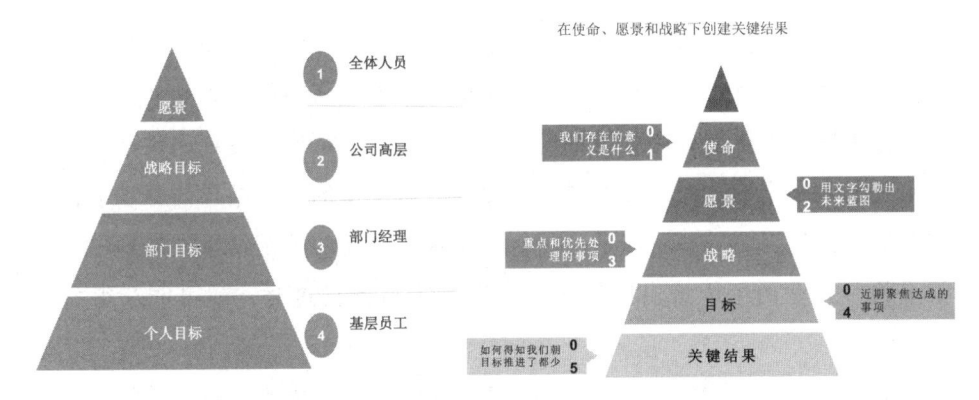

图 2-9 KPI 与 OKR 的区别 2

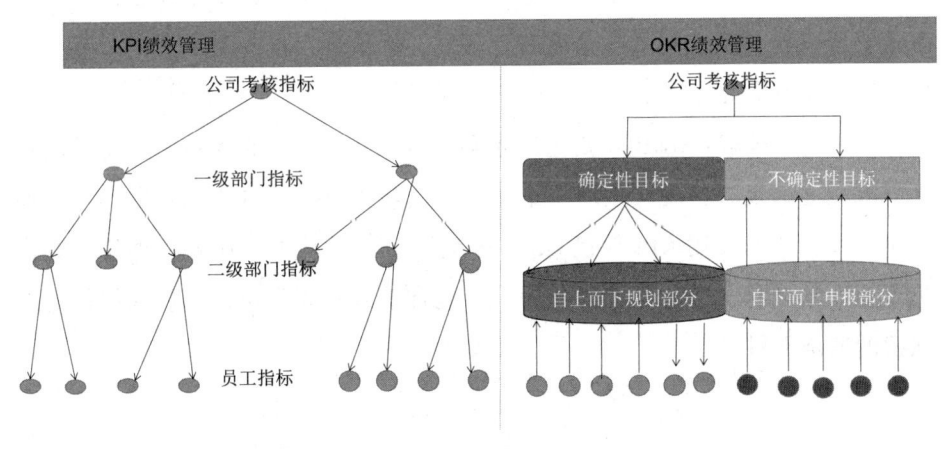

图 2-10 KPI 与 OKR 的区别 3[①]

---

① 摘自《绩效使能：超越 OKR》况阳著，机械工业出版社 2019 年 3 月出版。

对比来看，虽然都是从愿景使命出发，但 KPI 跟 OKR 还是有着很多区别的，它们之间的区别就在于 KPI 是有组织提出愿景的，然后有战略目标、部门目标、个人目标等，从头至尾强调的都是各级人员如何实现目标的。但 OKR 则是强调在使命、愿景、战略创造下的关键结果是什么，它研究目标，却没有太关注目标的实现，而是研究在使命、愿景、战略下的目标，在将来会创造一个什么样的关键结果，这个关键结果和组织全体员工的关联是什么，也就是我存在的意义是什么，我存在的意义是为了实现关键结果，这个关键结果跟我有关系吗？以及要实现这一个关键结果，优先要重点处理什么。

所以，从根本上 OKR 一开始就是主动的，聚焦于近期的目标。想要实现愿景和使命，其重点是优先进行 SWOT 分析，通过将最终愿景和使命的优劣进行分析后，再重新聚焦到近期的目标上。组织成员就会发现一件事情，目标不是别人给出的，而是在愿景、使命、战略催生的关键结果的驱动下，让成员们自己认识到的。所以这个目标一实现，企业的关键结果就出现了。也就是说，企业的组织成员得知道，当朝这个目标推进时，就可能获得关键结果。

总结一下，KPI 和 OKR 的区别在于：一个是由因索果，有这样的目标愿景，我要那样的结果；一个是由果索因，有这样的结果，要不要去做这样的事情。所以这两者之间虽然角度有点区别，但最终目标却是一致的，都是要把组织的绩效推得特别棒。

如果这么理解，OKR 就是把愿景和关键结果打通了的 KPI。也就是说它俩是有相通的地方，现实生活中这两种方法在各自的领域里发挥着作用。那么企业究竟要不要用 KPI 替代 OKR 或者用 OKR 替代 KPI 呢？只能说，这取决于企业的现状。适合则替换使用，不适合千万不要强扭，毕竟我们都清楚强扭的瓜是不甜的。

BSC 的介绍及使用方式

继 KPI 之后，我们再来说说第三个方法 BSC（Balanced Score Card），即平衡记分卡，这是常见的绩效考核方式之一，是从财务、客户、内部运营、学习与成长四个角度，将组织的战略落实为可操作的衡量指标和目标值的一种新型绩效管理体系。不管 OKR 还是 KPI，BSC 跟它们的角度都不一样，它完全是从另外一个方面打开的。它不涉及我们的 KPI 内容，只涉及目标从哪几个方向分解。看到下图 2-11，是否觉得很熟悉？为什么熟悉呢？

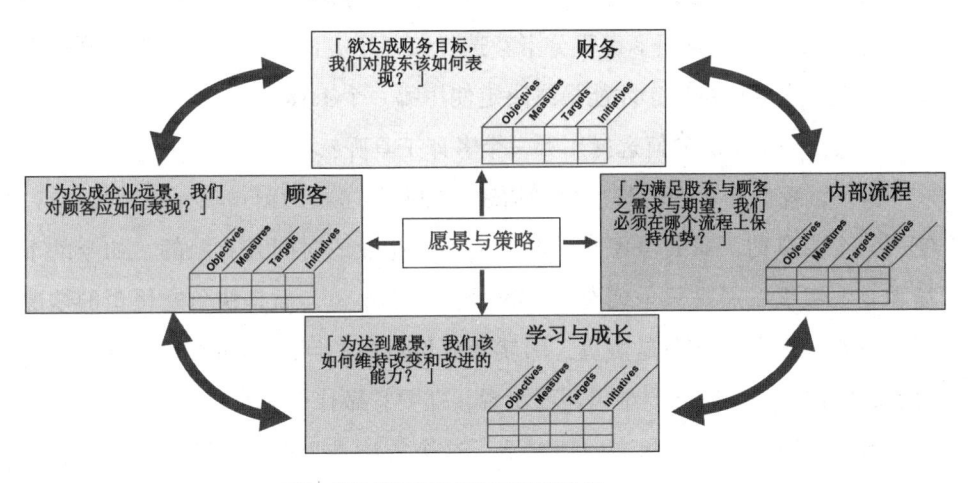

工具：绩效管理考评方法加权矩阵分析

图 2-11　绩效管理考评方法加权矩阵分析

原来从愿景和使命出发，最终形成的四类平衡目标就是平衡积分卡的体系，也就是平衡积分卡的四个维度。这四个维度是卡普兰与诺顿博士当年提出，并同他的团队研究后发表并运用的成果。就目前来看，那些成功的五百强企业都在采用这个策略。

这个策略方向，只是把目标体系按既关注财务又关注成长，既关注内部又关注外部，既关注长期又关注短期的四个平衡来看，所以把它叫平衡计分卡。这个工具是按照四个维度，把组织目标分解的同时，在任何一个维度都可以用 KPI 或者 OKR 体系去承载。我们可以这样归纳，平衡积分卡把目标体系分类之后，将大的宏观目标或是一个庞大的体系，清晰地分类，然后再进行 KPI 的层层落地或者 OKR 的推进。这都是可以进行的，所以，它们可以交融在一起用。

那到底企业是用平衡积分卡与 KPI/OKR 的综合体呢，还是用单一的目标体系分解？平衡积分卡跟目标管理其实也是有关联的。MBO 是一个总体的企业经营目标，而 BSC 又能把目标打开来分成四个维度，平衡性地往下推进，这个过程还可以融入 KPI 和 OKR。所以，在绩效管理的推进过程中，我们到底用哪一个方式才是最合适的？是直接用简单的 MBO 不用去归类，还是用 KPI 或 OKR？要不要用平衡积分卡？选择某一个方法又取决于什么？这就需要我们做一个分析对比，才能最终决定使用哪一个工具。

那么，一个组织如何选择用哪一个考评工具呢？

第一，我们要考虑的是加权平均表，即我们考核的第一项——时间成本。使用一个工具前，需要考虑它的时间成本。企业的时间是有限的，如今的市场和企业组织发展是只争朝夕，不再是大鱼吃小鱼，而是快鱼吃慢鱼的情况了。再者，现在大家都是快鱼，那就变成谁更快的问题。如果这个方法用完之后，等待了一年时间，结果还没出现，那要它做什么呢？

第二，当时间成本相当的情况下，这个方法是否有效？其实，能否有效地评估或组织评估团队，已经成为企业组织需要考虑的重点。

第三，可行性，这个方法在团队是否可行？比如，平衡积分卡对组织的结构和组织战略要求特别严格，它需要组织必须有完整的组织结构，层级清晰，结果分明，同时架构稳定。但是很多情况下，我们发现部分中小企业根本不具备这样的条件。最后还得考虑一件事情，就是推行这个方法的成本。

所以，MBO 和 KPI 的推行可能相对简单一点，但后面的 OKR、平衡积分卡还有其他等方法的推行，需要一个大体系。这时，人员成本和时间成本就都上来了。另外，还需要考虑的是推行这些方法的风险系数，任何一个企业组织推进一个新的绩效考评方式工具，都会带来团队行为模式的改变。既定的行为模式就会成为推新方式的一种阻碍，而这种阻碍从某种意义上会影响工具的使用，所以一个工具，如果想很好地契合到原有流程中去，那风险性就要是最小的。

用错了一个方法，就像输错了一种血液，不同类的血型进入体内是没法运作的，不但救不了命，甚至还会带来生命危险，一个错误的方法进入一个不合适的组织中去，就会影响到企业组织的生命和发展。

所以，将绩效管理考评工具表给大家，大家可以在组织要选择绩效考评方法的时候，从自己研究过的众多方法里面把这些维度写进去，其中的权重是根据大量的数据推算出来的，有效性质占比重40%，时间、可行性和风险占20%，成本占10%。如果上面四个指标都满足了，这种企业通常是愿意在自己能获得收益的地方去花成本的。

本节作业：填写绩效考评工具表，即多维度加权评估表，尝试解决企业绩效方法选择的问题。

绩效管理考评工具选择表									
序号	方法	时间成本	有效性	可行性	成本	风险性	合计分数	排序
	权重	0.2	0.4	0.2	0.1	0.2		
1	MBO	4	5	3	2	1	3.8	
2	KPI							
3	OBR							
4	BSC							

注：加权优选矩阵分析法用于分析企业绩效工具选择，每项采分点满分5分，加权合计后为该方法在企业使用的适应度。

第四节　绩效管理设计五步骤

绩效管理的具体步骤

这一节将主要分享绩效管理中的几个循环阶段，明确来讲，这些应该是绩效管理具体步骤的第一步，即职责分工的问题。接下来就让我们一起了解一下绩效管理的步骤为什么要这样设计。

大家一定都听过三个和尚的故事，一个和尚挑水喝，两个和尚抬水喝，三个和尚没水喝。大部分人听了就只是一笑而过，但仔细想想其中的关联，我们就会发现这其实是一个关于绩效管理的经典故事。我们思考一下：为什么一个和尚的绩效好过两个和尚的绩效呢？为什么有了三个和尚以后，就没有绩效了呢？

那是因为绩效管理的推进过程出现了问题。三个和尚在打水工作中分工不清，互相推诿，最终导致绩效为零。目标不清，职责不清，分工不清，协作不利，这个团队是没有办法进行循环发展的。那怎么样才能避免这样的情况在企业中出现呢？我们需要先了解企业绩效管理的步骤都有哪些。

绩效管理的具体步骤分为五个（如图 2-12 所示）。

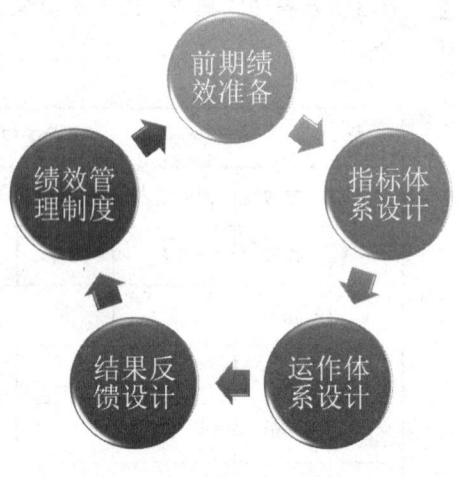

图 2-12　绩效管理设计的具体职责

绩效管理者所承担的职责

这一节重点讲解前期准备阶段，接下来先看看职责分工这个环节。

1. 职责分清，达到共赢

绩效管理到底是谁的事呢？好像无论归到哪里，哪里都在推脱"这事儿最好别找我"。但是我们都清楚，企业组织中每个人都有自己相应的职责，每个企业都有一个领导小组叫考核领导小组或委员会，这个小组有三项功能：

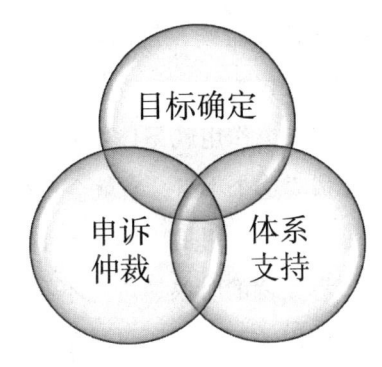

图 2-13 绩效管理者职责

第一项是目标确定，用来确定企业组织和成员的目标。其实我们知道企业组织的目标和绩效目标是组织的高层设立的。除了定目标，还需要定目标的意义和价值，而为了思考清楚目标的背景、价值与组织员工间的关联，就可以让这个小组来确定。

第二项是体系支持，在整个绩效管理的运作过程中，无论是目标分解、计划执行，还是指标推进、承诺书签订，都需要一个强有力的推动者，这就是企业组织的考核领导小组或委员会要做的事情了。如果没有这样的支持，全依靠人力资源部去做，那可能是推行不动的。当然，如果指望经理单独主动去做，那更是有点儿异想天开。

第三项是申诉仲裁。在一个企业组织中，考核领导小组代表绩效考核的权威组织，是用来给组织成员仲裁与申诉的，组织成员有异议的时候就可以去申诉。当企业组织与团队因为考核发生争议的时候，考核领导小组或者委员会就可以作为仲裁团队来评定是非。

这三件事听起来好像都很棘手，但工作量似乎又不太大，所以很多人认为，考核领导小组好像在绩效管理过程中没有承担什么职责。但是有时候，在很多关键的地方，这个小组起到了非常关键的作用。

第一个作用是目标确定。在一些目标很难确定的领域，比如信息不对等时，虽然每个企业都说要研究市场信息、研究经营、分析背景，但是未来是变化的，领导小组在信息不对称的情况下一拍桌子确定的企业组织目标，如果没有从逻辑角度去分析清楚宏观、微观的特点，又没法辩证地讨论，在提不出异议的时候，目标再大也得接受。这就是为什么领导具有前瞻性，因为他们是有权威的，一切有前瞻性的。

第二个作用就是体系支持。虽然考核领导小组没有参与具体工作，但是只要成立这个小组，它就会产生一种促进效应。

第三个作用是申诉。当组织成员无依无靠的时候，考核领导小组可以提供申诉支持的时候，难道不会觉得这个组织的考核领导小组很重要吗？毕竟这是他们的职责。所以这是第一类团队，考核领导小组是由企业组织的高层经营管理人员及人力资源部和财务部的领导们一起组成的团队。

2. HR 绩效责任

第二个团队——人力资源部门。有时在公司的各部门会议中，往往会出现这样一种场景：人力资源部的员工正在汇报工作，但其他听汇报的很多成员却摆出一副事不关己、高高挂起的表情，好像在说："你爱怎么说，就怎么说"。这种现象也反映出在很多企业内部，组织成员通常都会认为绩效就是人力资源部负责的事情，实际这个想法错了。

其实，人力资源部是一个独立的部门，他们能做的事情只是设计完善考核体系，比如整个考核的开展阶段该选择什么方法；还有之前讲到的内容——如何从多维度评选中选择绩效考核工具，以及如何做好 SWOT 分析等，这些是人力资源部做的事情。同时人力资源部还会宣传培训考核的目的、意义和方法，督促和检查各部门，贯彻实施收集反馈信息以做改进，还要对考核结果拟汇报、进行核查，并给予兑现，这些都是人力资源部做的事情。那么人力资源部做的事情到底是打分、反馈，还是检查或者是需要进行面谈的过程呢？其实这些都是直线经理需要做的。

所以，人力资源部门在绩效管理中的地位只是一个辅助、服务、协助、帮助的角色。那整个企业组织中直接的绩效管理责任在谁身上呢？是企业组织直线管理人员，他们都是绩效的主要核心承担者。

直线管理人员不仅需要完成指标分解、计划执行、考核评分和绩效面谈的工作，他们还要承担员工的改进访谈工作及问题员工的处理工作。他们在这些工作上进行得怎么样呢？显然，有时并不是很理想，为什么他们会做不好？我们发现，这是因为直线管理人员的角色定位出了问题，以至于他们没法沟通、访谈，也没法进行面谈等。

管理者的组织角色转变

但在绩效管理改进的同时，为什么也没有办法可以准确打分呢？原因是直线管理人员存在着以下几点欠缺：第一，直线管理人员与管理对象间的关系。直线管理人员与其管理的对象团队之间如果不是伙伴关系，就很难进行交流，同流才能交流。

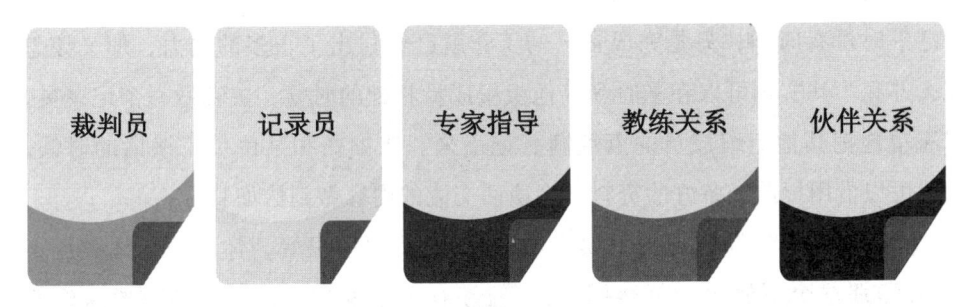

图 2-14　直线经理的角色定位

但从另一个角度想，有了初步的交流才能逐渐交心，只有开始交心才能最终获得交易。作为企业领导者或高层管理者，就需要想一想自己是否和下属是伙伴关系？自己有没有和下属沟通过？你了解自己的下属吗？了解他的生活、工作和家庭情况吗？了解他的个人兴趣吗？如果这些都没有了解，那么你和组织员工之间就没法成为同流，自然也就没法交流，这样只能剩下一个上下级的管理关系。而在这种情况下，下属同你之间就单纯是事业的或者是工作的合作者，根本没有什么共情、共景、共话、共鸣，也就无法得到企业组织共赢的结果。

你要思考自己是一个教练吗？作为一个成熟的管理者或是一个直线管理人员，当你在职场已经待了十年、八年，那么就得成为一个直线战略教练、直线管理过程的教练。你曾经教导过谁、教过哪些员工技术方法或是做人的品质？如果你没教导过别人，那请问凭什么让别人听你的呢？所以，教练的身份是很重要的。

要清楚自己是专家吗？你在自己的企业组织中是专家级别的吗？（这里的专家指的是在企业已经工作近十年，有丰富的阅历和技术）你在自己的领域里是否有所建树？你在自己的领域是否拥有权威，能做到不断创新？也许我们会发现有的人在企业组织中工作了很多年却还是曾经的样子。所以作为领导者，如果不如组织成员，且还不是个专家，那很可能会被下属折腾一番。

有时直线管理人员还得做一个记录员。你知道自己并不了解其他组织成员，这是因为你从未试图去进入别人的世界，了解别人的生活。有人觉得自己平时没有时间，只是完成自己的工作就已经付出了很多的精力，那又该怎么办呢？其实你可以在平时和其他组织成员相处的时候，主动做一个记录员，简单地把其他组织成员的点点滴滴记下来。比如在和某位员工谈话的时候，就可以借用提前准备好的资料，将谈话交流的内容做到恰如其分。

假如一个领导和他的下属沟通时只会说："你很好，你真好，你做得不错。"那这个下属可能就会回应："领导有事儿说事儿，能不能不要这么假呀。"但如果领导这么说："小强，你真棒，我记得你是2014年5月23号上午十点来公司报到的，2017年7月23号上午十点发生在车间的那场事故，要不是有你张罗，可能早就酿成大事了。"这时，这位员工肯定觉得领导心里是有他的，领导也在关注他的努力和付出。实际上，这就是对细节的关注，作为领导，有时候是很难真的记住每一位组织成员在企业任职这些年中的所有事情，但及时写下来就会在记录本上有迹可循。所以领导者还要做一个合格的记录员。

最后一个，即裁判员。在奥运会的比赛过程中，全世界推崇公平公正，那是因为奥运的宗旨是更高、更强、更快，竞技比赛讲究公平、公正、公开。而企业虽然不是追求体育精神，但也需要每一位裁判员做到刚正不阿，毕竟很多纠纷都需要裁判员们去思考和定夺。

回顾一下刚才讲述的直线管理人员角色定位，你思考一下自己可以扮演

第二章 知己知彼，变被动为主动

好哪几个呢？这五类角色，至少能做到三类才算及格的直线管理人员。可能有人表示自己一类都没做到，那么绩效管理推进困难可能就是卡在了这个部分。这属于正常现象，如果出现了直线管理人员角色定位问题，而绩效管理还能继续推下去才奇怪呢。

> **本节作业**
>
> 温习并分析一下各三类角色职责，认清自己在绩效管理中的职责是什么，解决问题绩效推进中职责不清楚的问题，思考一下自己的角色也思考一下组织中管理干部的角色，大家一起共同讨论每个人的职责是什么。

第三章

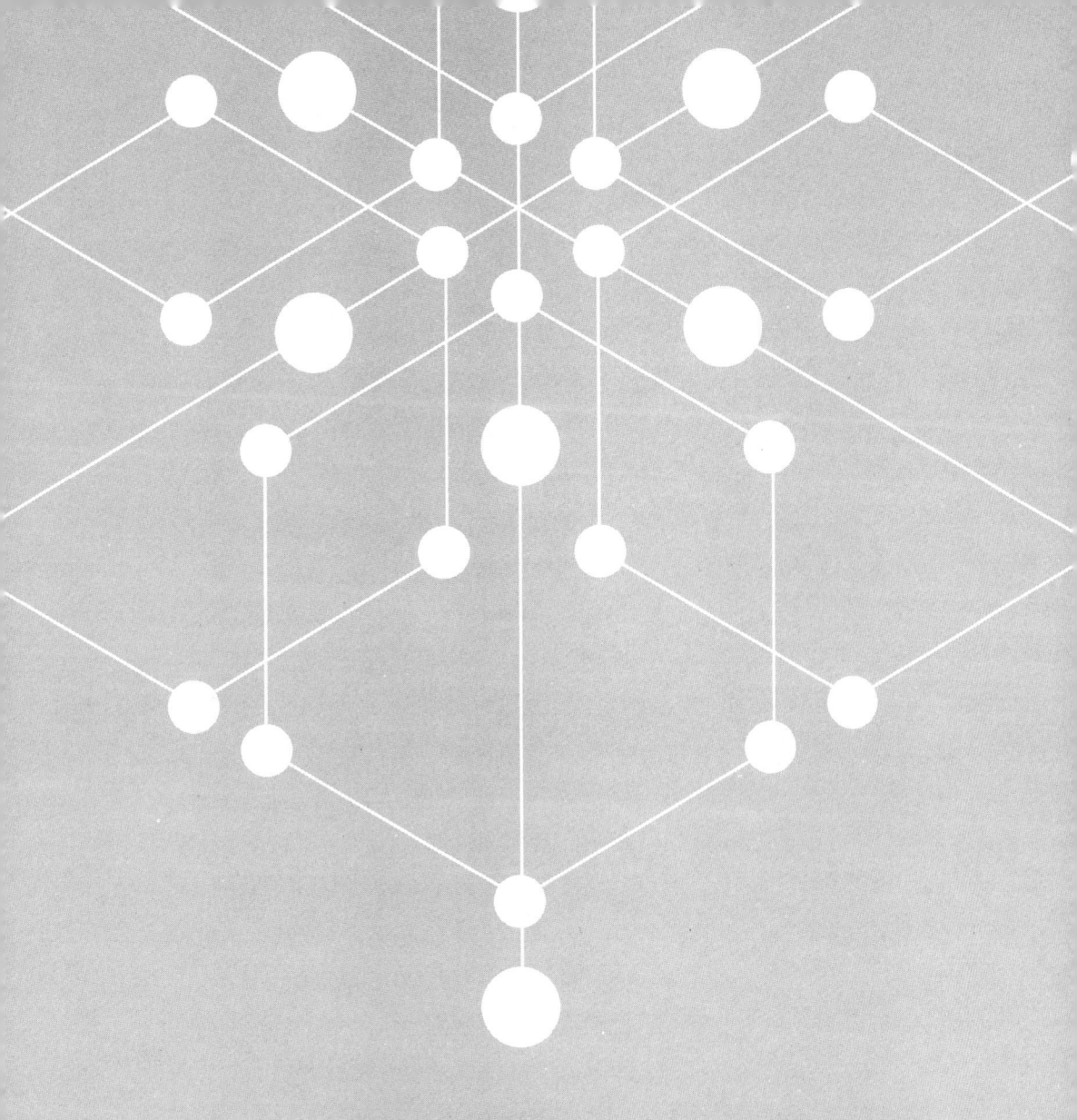

群策群力，变要求为需求

第一节　变要求为需求的个人承诺六步骤

这一章我们将一起研究如何把组织提出的思维目标转化成组织的行动计划，进而转化成组织的考核指标，最后再形成承诺书的过程。

从目标到计划

目标是怎么逐渐转变为计划的？

我们发现，主动与被动的区别就在于原始动能不一样。我们在做绩效目标分解到计划的时候，其实主要想实现的就是变被动为主动。在很多情况下，大多数传统企业在执行目标分解的过程中，都是企业组织领导者或管理人员把目标分解好之后再下达给下级员工，或者通过一个会议传递给其他组织成员。但是这么做的领导者或管理人员可能没有想过，这样的传递方式带来的只是一个负面的结果。组织成员表面是否接受，他们心里实际想不想要，与领导者或管理人员给不给，这完全是两回事。

虽然我们将分解的目标下达给了员工，但那不是员工想要的目标愿景或结果，员工是不会落地执行的。有时候由主管传递给下属团队的目标任务，下属团队是否真的理解？很多主管认为只要双方签订绩效承诺书，就已经完成了任务，他不知道这只是任务转移。这就是传统绩效承诺书的形式主义。

在这样的情况下，哪怕员工承诺了，也只是被动的、不情不愿的、强迫出来的，这样最终会导致员工们不问不动，集体趋于平庸。所以，企业领导者要学会将要求变为需求、变执行为自行、变被动为主动。

究竟要怎样才能变被动为主动呢？很多人在思考管理者应该如何以柔性的辅导过程和教练过程进行目标分解。有人说：需要处理好与组织成员的关系；还有人说：需要了解组织成员的痛，并给他们关爱、激励他们。但实际上，这都不是最主要的原因，最主要的是我们没有一整套工具可以让大家作为参考，学习如何去做才是最好的。所以接下来，我们就利用一个工具，一起来研究如何刚柔并济地实现从目标到计划的分解方法。

目标分解计划

之前的章节讲到过，目标是一个愿景下的四维目标，我们一定是把一个愿景下的所有四维目标一起分解成计划，那么分解的计划到底包含哪些内容呢？作为企业组织的领导者，我们首先要有庖丁解牛的概念，也就是还没有杀这头牛之前，得知道这头牛的身体构造。所以，我们要研究一下未来的计划大概能被分解成什么样子，研究分析清楚之后，才能知道后续的事情该怎么操作。

这就是一个激发兴趣、激活旧知，再导入新知，最后验证新知的过程，我们将其称为建构主义。建构主义是我们学习必备的一个技术。旧知是什么样子的？很多公司在做PBC（个人绩效承诺）的时候，往往都是组织提前将计划内容写好，然后为承诺人宣读完后，双方签订的。在签订这个文件以后，有没有继续修订内容呢？虽然很多公司说要修订，但是实际上修订最终都变成了空谈。当公司这样做，员工是否会签呢？有的企业计划让员工签字时，会把相应的组织成员安排到一场大的会议或活动中，这样员工签也得签，不签也得签，于是就造成了"强扭的瓜不甜"的结果。

这样的操作过程其实会给企业带来很多的负面影响，甚至可能会出现一些特别恶劣的情况。比如很多员工签完承诺书，但却带有很多不满的情绪，回到家时就会想："这事儿没法干了。"这虽然是传统的做法，但却是一种不合理、不民主的做法。那究竟有没有更好的办法，让这个过程变得好一点？如果想找到新的办法，那就得先研究一下绩效行动计划的内容都是什么。

（1）发送PBC给PBC承诺人　　（2）辅导PBC承诺人完成三大绩效目标初稿　　（3）跟踪辅导承诺签字

图 3-1　传统绩效承诺三部曲

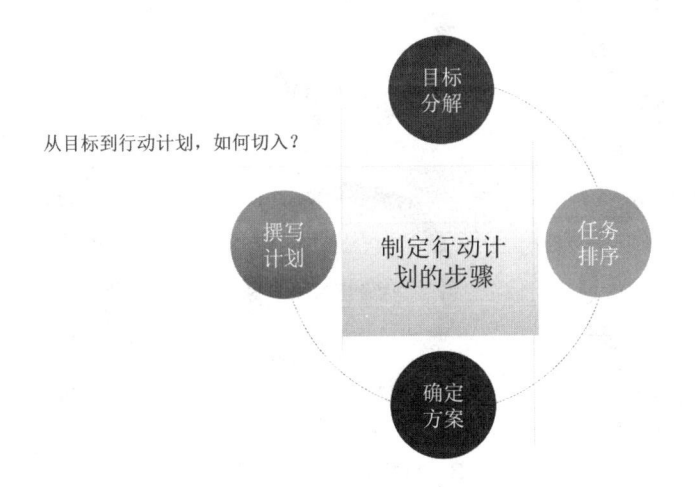

图 3-2　目标管理与计划四部曲

首先要把目标拆解开来。目标包括四个，所以我们要排序，排序之前还要用 SMART 进行检验，用以划分出哪些目标要分解，哪些目标不能作为核心的举措，然后就可以进行任务排序了。而在排序之后，我们就需要确定方案，最后再撰写计划。所以这一节，我们用了一个核心的表单，那就是"表五定行动"，即绩效行动七步落地法。在这个过程中，从目标到行动计划，我们需要有一个工具或参照，这样才能让大家更好地操作。新方法的流程往往都是很简单的，具体怎么操作和实践才是最关键的。

企业计划的发展与内容

现在企业研究的是计划会发展成什么样子,以及计划包含了哪些内容。目标到计划的分解包括以下六个方向:

目标内容是什么,计划内容是什么,为什么要做这个内容,是谁来负责,是在哪里完成目标,以及什么时候完成,怎么完成,完成这个目标的方式有哪些。

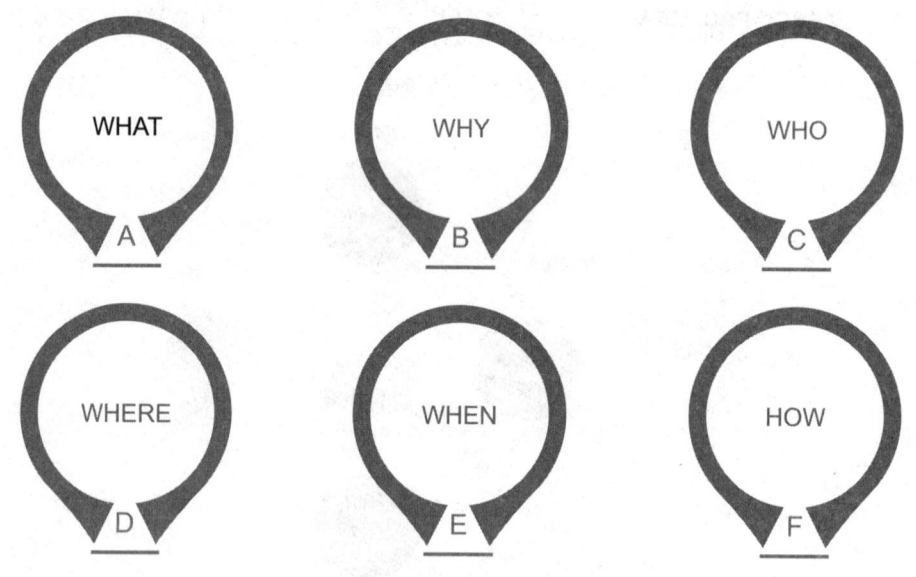

图 3-3 目标与计划分解表内容

除了以上六个部分,分解计划表里还要呈现出费用的问题,因为这将来会成为绩效在监督和监控过程中的一个控制点。当我们要把原来的思维目标按照新的思维方式,分解到现在讲述的这六加一方向上时,那么谁来分解就又变成了一个大问题,因为谁分解决定着分解的效果。如果领导者整天坐在办公室,那么即使把目标分解出来了,也一点用都没有,因为员工不会用自己的努力去证明领导者的计划是正确的,员工们只想证明自己的计划是正确的。

我们一起来看图 3-4。想要实现目标变成计划的过程,就需要由原来的被动变成主动。这一套工具可以将我们的实行过程变得简单易行且容易操作。

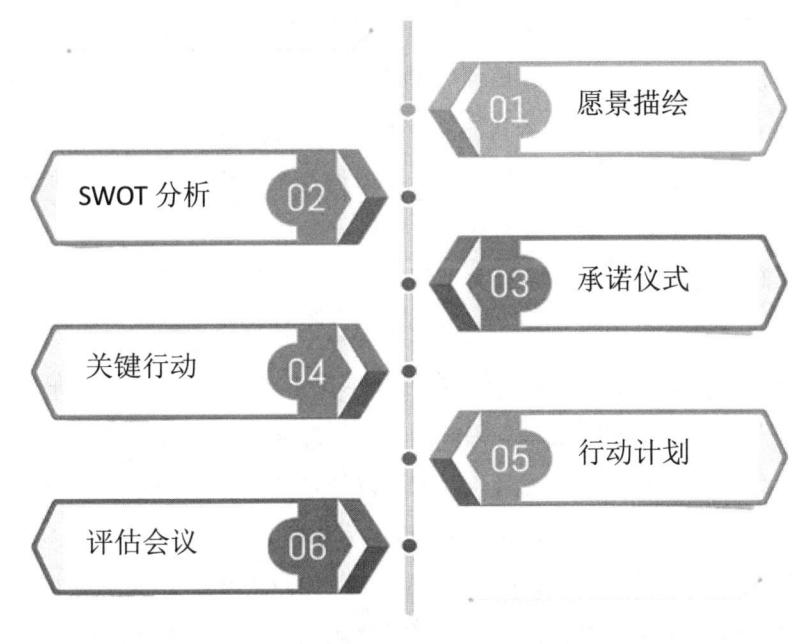

```
01  愿景描绘
02  SWOT 分析
03  承诺仪式
04  关键行动
05  行动计划
06  评估会议
```

图 3-4 目标分解六阶段

计划进行中的角色分配与扮演

我们在前文已经提到过，六加一的步骤并不是一个人做出来的，而是一群人——企业组织团队一起完成的。由此可见，作为企业组织的领导者，我们并不需要直接提出目标，而是要提出目标背后的愿景。

此时，领导者所扮演的角色就是一个教练。我们需要做的事情就是：当团队发现优势的时候，我们点赞；当团队发现劣势和威胁时，我们就要研究这种不足下的机会在哪里。也就是说，员工看到了不足，我们就要看到优势；员工看到了威胁，我们就要看到机会；员工说他个儿不高，我们要回应浓缩都是精华；员工说眼神不好，我们回答他就是需要朦胧美。凡事都从不同的角度看，就总有优点和优势出现。

我们在管理团队时需要全面思考问题，那全面是什么？有多少度？有人说，全面是360度，也有人说是361度，其实全面是个球面，有129600度。

由此可见，很多人思考问题的时候还是一点都不全面。

在进行 SWOT 分析之后，即使我们看见的是劣势，但如果从 129600 度的角度进行分析，应该也能分析出一些优势来。我们做的其实就是一件事，那就是触动组织成员，让他们相信自己可以做这个事情。一旦组织成员被触动了，感性的愿景就会激活他们理性的分析，变得热血满满。

那这时，我们继续乘着东风去做第三个环节——团队承诺。对于一个企业组织而言，承诺真的很重要，是将原来的认知转换成契约的一个过程。组织成员庄严地举起右手："我承诺，我愿意承担这次目标的行动"，在他承诺的时候，我们一定要做好记录。拍好照片，留好视频，因为这些可以作为我们推动工作时的一些辅助性工具。我们可以把这些照片洗出来做成一面承诺墙，也可以把视频做成承诺集锦，更可以作为会议之前的导入视频。

如此，我们就能时时刻刻提醒组织成员，他们跟组织之间有一个愿景美好的契约。做完承诺之后，每个人变得庄严起来，毕竟人对承诺还是比较重视的。在这个过程中，我们需要做的还是触动到组织成员。我们要把领导者的角色转换成教练，不是刚性地给组织成员说事情，而是柔性地引导他们进行下面的环节。

既然组织成员都已经做了承诺，那接下来就要一起沟通如何完成目标，实现这个美好愿景。很多企业有这样的特点，组织成员在承诺的时候都是踌躇满志，但落地到行动的时候就没有人说话了，往往就企业领导者一个声音，其他组织成员都不说话，这要怎么办呢？遇到这种情况的时候，我们就需要重申整个背景和美好愿景。如果大家依然不愿意说，也可以让他们把这部分写出来。

如果每个人都把自己最核心的措施写出来，我们在整理归纳、合并同类项并排列组合后，就能归纳出五到七项措施。低于五个措施会显得计划比较单薄，但多于七个，我们又会陷入没法分解的窘境。

只要目标能确定下来，那我们就会形成关键行动措施，而这个措施就是解决目标该走的方向问题。当归纳出来的措施排列组合后，还可以形成一张结构表。

目标分解步骤与行动计划表

我们在进行团队共创刚性承诺技巧的流程中,还需要进行众筹式目标分解组织流程操作。

首先,界定是团队或项目团队一起通过开放式会议确定绩效行动计划的过程,适合组织环境关系融洽的团队进行此类方法。科层制的企业建议采取目标管理法,自上而下分解团队目标。但开放式讨论是趋势,这是组织发展的未来。具体步骤:

1. 感性说梦想。团队负责人根据表一梦想链接梦想表向团队传达或者共话年度、季度、月度目标的价值、意义、愿景、梦想,重点说清楚与大家的关联度;

2. 理性说优势。团队负责人根据大家填写的SWOT分析表进行分析、共鸣、达成认知,理解团队在这一目标中的优势、劣势、威胁、机会;重点集中在怎么发挥优势和机会,如何会克服和回避劣势和威胁。

3. 感性做承诺。在号召团队成员对目标做出承诺的过程中,团队负责人一定要带着情怀和梦想,发挥团队优势,承诺是自动自发的。团队负责人要对承诺过程进行拍照录像,作为工作宣传和监督使用。

4. 感性做共创。在目标承诺后,团队负责人一定趁机带领成员进行目标关键措施分解,此时一定要动员大家积极参与,多头脑风暴,贡献自己认为的最佳措施。

我们知道,某一年目标的行动计划措施,它不是计划,只是一个措施,那要怎么办?此时我们需要先把措施拿来一看。关键措施是谁提出来的,就以谁为核心来解码这个措施。将措施变成五"W"和两"H",也就是变成什么时间,什么地点,什么人,做什么事情。关于这条线的前三部分,我们做了承诺,第四步则要把目标变成行动措施。况且这个措施是由企业组织一起共同写的,经过排列组合就能提炼一类的关键词,即五至七类措施,最终就可以构成一个模型了。这个模型有核心措施、基础措施、拉动措施及支持措施。之后再将它分类形成一个措施表,这个措施表就是某一年度企业组织的目标行动措施。

这个措施是谁写的呢？可能是3～8个人一起写的。这些人都认为这个措施很重要。有句俗话说"谁的孩子谁抱走，谁的责任谁兜着"，既然小强、小李、小王都能写出这个措施，就应该相信组织员工一定能把它变成行动计划。有的员工写完措施后可能反馈道："领导我不会"，但我们不用怕，因为领导有方法、有工具。

为了实现美好的愿景，我们可以给组织成员一张行动计划表，并把这个行动计划表给到当时提出措施的小组，并且好好研究。那么这个措施要落地实行，还需要人员培训，当然如果还有其他需要，也可以填上去。这样组织领导者就会拿着这张表向组织成员说："领导把这张表给你，你拿回去把措施变成行动计划，并写出来。"组织成员往往会三个一组或五个一组，非常迅速地写完。

表3-1 绩效行动计划七步落地

目标分解行动策略	责任人	工作内容	工作时间	工作地点	工作方式	成本费用	工作原因
工作小组成员							
本策略细化目标（或检验目标）							
资源（本工作策略需要专项提供的资金、人员、培训等）							

在表格填写过程中，一定会需要讨论该怎么做。我们在前面提过的六步，做完后员工们就能得出这种七个阶段的表单，而这个表单的内容就是目标到计划的那一张图。我们之前讲过，谁来做责任人，谁就是小组的策略成员。关于细化，工作内容要细化到任何人一看这张表都知道怎么操作为止；工作时间要细化到每个人的工作日，每个工作单元里；工作地点就在那里；工作

方式是什么样的，这时就要把质量、数量、时间、方式界定清楚、写清楚，同时还要界定一下花多少钱。谁在什么时候，做什么事情，在什么时间做，怎么做，做到什么程度，花多钱，为什么要这么做，当把这张表中这一系列问题填完之后，我们会惊奇地发现，原来提出的是那四类目标中的某一个目标已经被我们巧妙地通过团队的力量解决到行动计划上了。

这个行动计划填出来之后，我们就能看到想要的结果。这就是我们通过柔性的方式，运用六个步骤，把目标变成行动计划，变被动为主动，最终变成员工自动自发的过程。当然书上得来终觉浅，欲知此事要躬行。这张表解决的问题就是绩效行动计划落地中被动执行的问题，在这个表里。我们实现了变被动为主动。表3-2是一个连锁企业曾经做的行动计划表。这个表填得很详细，但我们并不是要看表的内容，而是让大家看到这个表上的小组成员一起讨论之后得出的项目内容是什么。

表3-2的目标措施已经完成结构化了，我们可以看到核心措施、拉动措施、支持措施、基础措施就是在第四个循环中，团队共创时一起拿出来分享，经过大家的头脑风暴后，一起写出措施点与规律，就会成为结构化措施。而变成四类目标后，我们再看看是团队中谁写出来的，也就是谁拿走了这个措施，谁就将成为责任人。工作原因是什么、工作时间是什么、工作步骤是什么、工作方式是什么、工作内容是什么、地点是什么，花多少钱？这些都详细地写出来时，就会涉及一些问题的细节。每当这个时候，我们就会发现特别多的内容，于是开始细化，直到这个计划可操作为止，至此，这张表上就会出现很多个控制点。

这张表特别重要，我们在后文要用的指标表，完全是从这张表里提炼出来的。因为这里面有很多控制点是这项工作的监督考核点，这是一个成功的案例。

那么再来看一个失败的案例，表3-3所示的是某企业的一个员工填写完成的表格。如果这样填写，我们就会看不出来具体的控制点在哪里。

项目组成员：

表 3-2 成功案例分析

项目内容	姓名	原因现状	时间	步骤	内容	地点	费用
核心（业绩提升）		提升门店客流，现状：1. 岁宝购物卡不能用 2. 母店二楼重新装修中 3. 近两月高值商品动销不理想	每月 5、25 日（2 场／月－促销）	1. 找到业绩客流下滑的原因 2. 重点商品筛选 3. 重点顾客回访 4. 重点销售日跟进业绩 5. 门店促销活动开展	1. 微量元素免费检测：美澳健、锌钙特 2. 买赠活动：刷社保卡，满198元送清风纸巾一提，现金满100减20（时间：9号至10号）每月选两天		无
		提升门店客流	每月会员日（5/15/25）	1. 宣传 2. 免费检测 3. 开办会员卡、定期回访	天虹进门电梯口处做宣传，引导顾客进店免费测量血压、体温		无
		提升门店客流	7.13～16	1. 分析客流下降原因 2. 利用店庆母店活动，吸引客流 3. 做促销活动 4. 老顾客回访	1. 设计促销活动方案 2. 大单老顾客回访，请市场组会员发送短信 3. 利用母店广播，宣导促销活动内容 4. 去母店发DM单		无
拉动（加强培训、客户维护）		新员工较多，专业知识欠缺，老员工需拓宽知识面	每周三、周五	1. 说给他听 2. 做给他看 3. 让他做给我看，指导改进不足之处	1. 周三专业知识：培训15分钟（肖丽），考核指导15分钟（曾文柳） 2. 周五商品培训：培训15分钟（陈妃弟），考核指导15分钟（曾文柳）		新品试用装（自联厂家）

第三章 群策群力，变要求为需求

续表

项目组成员：

项目内容	姓名	原因	时间	步骤	内容	地点	费用
拉动（加强培训、客户维护）		社区门店，顾客群稳定，需打开新的顾客群体	每天进行，定期检查	1. 开发新会员	开发任务：1张/人/班（备注会员开发人工号，店经理第二天检查） 1. 重点顾客：单次消费≥500元，进店消费≥3次以上及慢病顾客		希望公司提供小赠品和血糖试纸
				2. 建立重点顾客档案本	2. 档案表记录信息：顾客姓名、年龄、性别、电话、疾病类型、药品名称及剂量等 3. 日常管理：谁开发谁维护，1位/人/周，店经理每周检查一次		
				3. 定期回访和维护	1. 回访时机：根据顾客所买药品的服用时长，进行回访 2. 回访记录：顾客有无接电话，接电话后的情绪反应，有无再次进店消费等 3. 回访负责人：谁开发谁回访，回访情况要记录，店经理定期检查 4. 重点顾客长期维护：多次重复消费，每次消费有礼送，提供免费测量血压血糖，送货上门及健康咨询等服务		
支持（完善品项，激励员工）		客流下降明显，门店品项数少，需增加SKU数来提升客流及业绩，满足顾客需求	每月3～4日	每月筛选一次，1～2小时/次 1. 自查缺货 2. 导入公司在营品种 3. 补货 4. 跟进销售	1. 查询公司有货商品 2. 自查门店无库存商品 3. 手动补货 4. 跟进到货情况 5. 分别于半月后和一个月后查断补品动销情况 6. 确认新增品上下限自动补货 7. 每月观察竞争店销售品项，与采购部沟通新引进品种		无

083

续表

项目组成员:

项目内容	姓名	原因	时间	步骤	内容	地点	费用
支持（完善品质，激励员工）		喜欢挑战，希望培养优秀接班人	7.26~11.30	1. 员工培训 2. 给员工设定目标及考核方案 3. 说给他听，做给我看，员工做给我们看	1. 能力培养：培养员工与顾客沟通能力、协调能力 2. 分配日常管理工作让员工做，店长负责引导 3. 定期考核：内容包括业绩跟进、员工调配工作、突发事件处理、与公司上级沟通渠道与方式、门店绩效考核制度、员工内部矛盾处理、商品管理、钱财物管理		无
基础（做好服务，改善形象）		因客流下降和会员顾客消费下降，提高服务质量来稳定维护现有客情关系，可发新会员、维护老顾客	7.15~9.30	1. 免费凉茶试饮	1. 物料准备：联系厂家申请试饮赠品 2. 目标群体：环卫工人、物业保洁及进店顾客 3. 执行人：当班员工		无
				2. 顾客微信群维护	1. 顾客人群 2. 群话题推广：产品特价信息、日常养生知识（刘燕-不定期发布）		
				3. 免费测血压	1. 目标：10个/人/班（给顾客量血压） 2. 给每位测量血压顾客建档和办会员卡，比如：每次血压值（征得顾客同意后，可记录其近期身体状况、体检情况、服药时间、服药方法等，以方便下次测量血压对比）		
				4. 慢病顾客回访	1. 方式：电话、短信、微信 2. 责任人：慢病专员——裴悦丽		
				5. 免费送药服务	目标群体：腿脚不便的老年顾客，安排店药师专门眼进顾客最近的身体状况		

084

第三章 群策群力，变要求为需求

续表

项目组成员：

项目内容	姓名	原因	时间	步骤	内容	地点	费用
基础（做好服务、改善形象）		老社区门店后，提高服务质量来稳定维护客情关系	每月/半年	1. 店内免费检测活动	1. 时间：每月5日店内活动 2. 项目：免费检测血压、血糖、微量元素 3. 参与资格：活动当日，顾客凭免费检测短信 4. 筹备要点：每月5日前短信通知，消费前300名顾客活动信息，提前邀请活动厂家		1.150元（血糖纸50条） 2.赠品免费（上次活动剩下小礼品）
				2. 会员兑储值	1. 时间：每月25日 2. 实施要点：会员凭短信，每月25日到门店领取小礼品，邀请顾客加入"门店会员微信群" 3. 筹备要点：每月20日导出消费前100名顾客信息，并短信通知		
				3. 派送购物小礼品	1. 派送群体：消费前100名顾客 2. 小礼品：纸巾、口罩等		
				4. 组织社区活动	1. 周期：1次/半年 2. 内容：知识讲座、免费检测、部分试用品发放、产品试吃饮凉茶等		
		新开社区门店，提高服务质量来稳定新客市场面及开拓新储售品项	长期执行	1. 提高服务质量			无
				2. 免费办理会员卡增加会员群体	1. 免费熬药 2. 免费量血压 3. 提供免费试吃饮凉茶 4. 社区内提供免费送货服务		
				3. 加强关联销售			

085

表3-3 某企业的一个员工填写计划表

目标分解行动策略	责任人	工作内容	工作时间	工作地点	工作方式	成本费用	工作原因
工作小组成员	方小强	员工培训	每月5日	五楼会议室	现场讲授、案例分析	0	提升新员工知识和技能，培训老员工减少错误
本策略细化目标（或检验目标）	方小强	内部流程梳理	每周五	办公室	数据图表分析	0	分析流程的弊端，减少潜在的费用项目
	方小强	客户满意度维护	每月30日	办公室	案例整理	0	总结客户投诉案例，进行费用控制措施的复盘
资源（本工作策略需要专项提供的资金、人员、培训等）	方小强	FOB费用率控制	每月15日	办公室	数据分析	0	分析每份订单的费用率，完善订单制定的条款

这一节，我们重点讲了从目标到计划分解的六步骤，这是一套工具，这套工具还有最后一个点，那就是评估计划。我们可以在这个行动计划表后设计一个计划评价表，使之成为一套表单（如表3-4）。也就是说，当一个行动计划表出来之后，我们如何去评估才是合理的？其实评估的过程中是由管理团队的策略操作小组，也就是策略提出小组来负责汇报，管理者要判断他们的策略行动计划是否可行。一般可以通过六个维度来评价：

表3-4 行动计划评估表

	1分 极差	2分 较差	3分 尚可	4分 较好	5分 极好
1.目标：目标科学和可行吗？					
2.事件：内容构成必要吗？					
3.责任：团队责任清晰吗？					
4.资源：人力、经费和物力到位吗？					
5.进度：时间资源有保证吗？					
6.预案：风险防范准备周密吗？					

在项目对应等级划〇即可。总分：

汇报人： 评价人：

第三章 群策群力，变要求为需求

我们在前面讲到目标分解的六部分，第一个叫梦想，第二个叫 SWOT 分析，第三个叫承诺，前三章的内容连起来在做的一件事情，就是让企业组织中的成员由被动到主动。员工承诺之后，就是变被动到主动的过程，而这个过程执行之后就是团队共创。团队共创就是要把原来自己做的东西变成团队一起做的东西。

这又是一个包含循环背景分析、头脑风暴、归类措施，形成核心措施，结构化模型的过程。将这些填写进行动计划表之后，我们的目标就形成了，同时行动计划也就跟着出来了。之后我们再用计划行动表产生指标控制点，从而把目标分解成行动计划，也就是整个过程的操作细节，最后再评估一下大家写的这些措施。

主管领导或分管领导可以和大家建立一个评估团队。一起评估后，就可以得到我们最终完成、可使用的行动计划表。而这个过程其实只是在做一件事情，那就是细化这张表的内容，并融进去变成某年度、某个部门或某个公司的工作方案，而且措施之间可以进行调整，重新组合后就又形成多种方案，也就可以规划出 Plan B 了。

本节作业

演练团队目标分解六步法。

目标分解行动策略	责任人	工作内容	工作时间	工作地点	工作方式	成本费用	工作原因
工作小组成员							
本策略细化目标（或检验目标）							
资源（本工作策略需要专项提供的资金、人员、培训等）							

087

续表

	1分 极差	2分 较差	3分 尚可	4分 较好	5分 极好
1. 目标：目标科学和可行吗？					
2. 事件：内容构成必要吗？					
3. 责任：团队责任清晰吗？					
4. 资源：人力、经费和物力到位吗？					
5. 进度：时间资源有保证吗？					
6. 预案：风险防范准备周密吗？					

在项目对应等级划〇即可。总分：

汇报人：　　　　　　　　　　　　评价人：

第二节　目标计划设定的注意事项

目标分解的五个注意事项

在这一节，我们将一起学习目标设定的注意事项。

大家一定都听过庖丁解牛的故事。从前有一个叫庖丁的厨师，特别善于宰牛，梁惠王知道后，便请他为自己宰牛剔肉。梁惠王问庖丁为什么会有如此高超的技艺，庖丁解释说："我知道宰牛的规律，这比掌握一般的宰牛技术更进一步。刚开始宰牛的时候，我眼中所见的是一头完整的牛，不知从什么地方才可以进刀。三年以后，我对牛体结构已经完全了解，这时呈现在我眼前的已不再是一头完整的牛了，我知道该怎样剖开牛体。

又过了几年，直到现在，我宰牛的时候已经不用眼睛去看，而是凭感觉去接触牛体，顺着牛体的肌理结构，劈开筋骨间大的空隙，沿着骨节间的空穴使刀，这些都是依顺着牛体本来的结构。"

梁惠王听完庖丁的这一番解释，不禁连连称赞起来。庖丁解牛的成功之道主要在于，其一庖丁的目标准确，其二庖丁的技艺精湛，其三庖丁对牛的结构了然于胸，其四庖丁解牛已经不再是工作任务，而是人生乐趣和工作兴趣所在。

从这个寓言故事中，我们可以联系到本书所讲到的企业组织目标计划分解，反思很多企业在目标分解过程中，要么进一步精湛，要么目标不清晰，要么工作任务没有解码，更有甚者认为工作不再是人生乐趣，而是一种任务和负担。若是企业中的组织成员有了以上这些认知，又怎么可能把目标做好呢？

如果企业管理者能像庖丁一样既可以熟悉团队的整体目标，又能够明确分解并合理分配目标，那企业的发展将会蒸蒸日上。但只是做好目标的分解与下达还是远远不够的，在目标计划设定的时候，有些内容也是需要引起我们的注意。接下来，我们就一起来探索学习目标计划设定过程中需要注意的内容。

（1）何时设定　　（2）谁来设定

流程

（5）设定标准　　（3）设定什么

（4）怎么设定

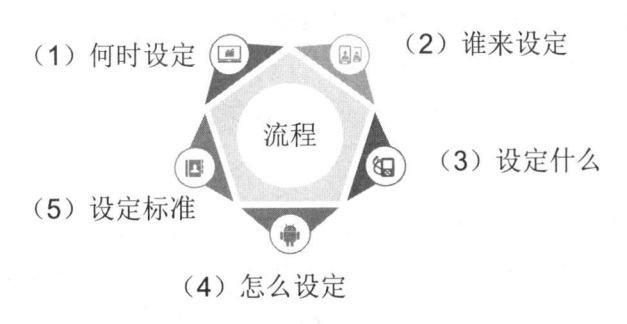

图3-5　目标分解的五个注意事项

1. 何时设定计划？

一个企业组织何时设定计划比较合适呢？一般情况下，我们的企业或团队要制定绩效计划往往都是在每一个年度或者每一个绩效周期开始的时候，由组织成员们一起设定。也就是在绩效的起点，万事俱备的情况下作为计划制定阶段；或是绩效的终点，总结完善之后设定下一轮的改进计划。

也就是说，绩效是一个以终为始的过程。我们发现，在计划制定的每一个环节，只要进行过一次评估，企业组织就可能产生一个新的起点。比如，当我们年度评估结束以后，在设定年度预算目标时，可能有一个计划制定的过程；当我们周期性的评定结束之后，也可能会出现一个计划的改进过程。所以，计划的制定是动态的。至于何时设定，当我们的绩效推行一个周期之后，企业组织目标计划的设定自然就会浮向水面。

2. 谁来设定？

通过上一节的学习，我们知道，从目标到计划的分解是企业组织中每一位成员一起发挥才智，共同出力完成的。这个结果是由团队整体来做的，所以对于目标计划的设定也应该是组织团队一起来做。为此，我们就需要界定对象。既然目标设立是组织成员一起完成的，那么每一个目标又是由谁最终把它变成计划的呢？

答案是由团队负责人在拿到组织定的目标或者自己设定的思维目标之后，一起和团队将它变成计划的，我们可以使用上一节讲的七个阶段的表单作为主要工具来完成目标计划的设定。

3. 设定什么目标？

这取决于上级定的标准，同时也取决于团队给自己定义的绩效标准。因为目标是大家围绕其背后意义所产生的愿景，是企业组织成员共同创出来的结果。它一定可以生发出大家想要的背后意义，即设定的是目标背后的愿景。当关键结果出现的时候，目标对组织成员的吸引程度就决定了他们对目标实现的动力。然而，如果只是一味地设定目标，却没有研究目标背后的动能，也就是背景意义下的愿景，目标就显得尤为苍白了。

4. 怎么设定？

实际上组织成员从愿景出发，再重温一下愿景的内容，我们就会明白，当一个企业组织的部门负责人带着激励人心的愿景回到自己的团队，或者领导者本着对组织目标的理解而将情怀传递出来，并在激活大家的同时进行第二步SWOT分析，SWOT分析之后再进行优劣势分析，最终找到大家的动因，也就找到了大家感性的认知和理性的分析。那么，将感性认知和理性分析相结合，就能形成对组织目标的正确认知。

这个时候，我们再进行第三步承诺，承诺之后就可以进行第四步共创，也就是把组织中的一群人拉在一起。管理者就是促动者的角色，我们需要带着大家一起进行中间的核心循环。那么这个循环是干什么呢？在这里需要又一次重申背景意义，这是为了让大家加深这种动能的影响，从而对未来出现的关键结果背后的优秀场景充满渴望，因为只有这个时候才能点燃组织成员愿意头脑风暴想办法解决目标的计划问题。

根据成员们提出或者写出的措施，我们进行归纳、整理、分类、整合之后，再把这些整合的内容进行结构化处理。那么该如何进行结构化处理呢？处理方法有很多种，比如重点核心措施、基础措施、支持措施或者拉动措施与创新措施。我们可以将目标和措施归成几类，这时就形成了目标下的行动计划措施。当把这个措施填到七阶段表单之后，目标就可以被分解成行动计划。要填得尽可能详尽，这样我们就能找到每一阶段的控制点。

5. 设定标准。

当这些控制点出现时，我们就可以从中将其萃取出来，这些萃取出来的控制点是要用于做监督评测的。这就是第五个需要注意的内容：设定标准。只要把标准填到绩效指标分解八步法的表里去，就完成了所有的关注点。其实这时候解决的注意事项在我们的计划表里都有涉及，我们应该很熟悉这个内容。

企业目标设定的三模式和四原则

讲完了目标计划设定的注意事项，我们再来谈谈企业目标设定的三种模式和四大原则。我们要了解目标设定的模式有三种：

1. 单目标：只有一个目标值，唯一且专一；

2. 双目标：设立基础目标与冲刺目标，前者经过努力可达成，后者要非常努力方可实现；

3. 三线目标：按基础目标、激励目标、挑战目标三条线建目标，赋予与薪酬激励匹配的激励模式。

我们可以看出，这三种目标计划的模式各不相同，且适用性不一样。单目标体系简单直接，可以简单明了地判断一个团队和个人的绩效达成情况，但它的缺点是容易产生偏见，导致评价不准确。双目标的优点是可以择优，保底，但也很明显就是容易区别团队达成情况。

而三线目标不仅同时具备上述优点，还可以引导团队朝着组织需要的方向努力前进。现在很多企业组织都会使用三线目标，这也是帮助绩效推进过程发展的目标计划模式。三线目标计划模式主要是将目标设定运用于薪酬激励的设计。简单地说，如果组织员工达到基础目标，只能获得与以往同样的收入，如果低于基础目标，个人收入还会下降。如果达到激励目标(考核指标)，组织员工的收入会有一定程度的增加。如果实现挑战目标，组织员工将获得更多的奖励。

这样的模式有助于企业组织更好地分解与合理分配目标，做到人力资源的良好利用。企业使用三线目标模式往往也更容易激发组织成员的动力，引发组织员工们将被动行为渐渐转为主动行为。与一般提成政策不同的是，提成制度仅仅展现的是公司的利益分配方式，而目标设定则可以引导员工努力达到的方向，并以目标牵引员工的焦点，激励员工更加投入。

在设定目标时又要遵守哪四大原则呢？

1. 挑战原则。既然目标是超越现在的位置与状态，所以目标一定要具备挑战性。通过内外挖掘，发现一切可能性，并将可能性转化为一个个现实，就可以实现更高的目标结果。

2. 平衡原则。目标并非独立存在，企业在操作时经常会将多个目标组合在一起，以形成一个动态平衡的系统。企业还会根据发展阶段、战略设定、遇到的实际问题等不断调整目标设置，使目标可以动态地服务于企业的战略实现（BSC平衡记分卡原理）。

3. 激励原则。目标是用来激励员工与团队的，有了目标，员工就有了努力的方向与标准。因此在设立目标时，要考虑阶梯性的分段设置，让员工一步步地实现更高的目标。如果目标过高，让员工望而生畏，员工很有可能放弃对这个目标的追求。

4. 关键原则。在众多目标中，必须按重要程度、迫切程度进行分类，并选取关键的、当前追求的目标作为核心考核目标，而其他目标可以转化为分析性、参考性指标。

最后，在这一节即将结束的部分，我有一张表格呈现给大家。这张表格就是绩效指标分解八步法的表，可以把上一小节完成的七阶段表单里的质量、数量、时间、方式等关键控制点，以及成本点分别填到这张表里。

对于八步骤指标分解表内容的填写，我们在这里先进行一个解析。首先，指标名称从哪来？从上一节讲述的七阶段行动计划表单内容里找到那些写得特别详细的质量、数量、时间、方式的成本控制点，这些就可以作为指标名称。

到目前为止，表格中最前面这一列的四类型没有用过，那在这里就可以暂时先不去管它。当把那些指标全写出来，这个图表中的第二列就填完了。填完之后，可能会有人觉得表格内容有些乱，别急，再仔细看看就会发现这张表里的上面一部分，如果再将目标的措施分解下来的内容填写进去，就会好一些，因为控制点可能少一点。

如果大家的表格填写得挺扎实、认真，那就会把本书之前几节写的四维平衡目标思维全回忆出来进行分解措施，每个条目下有四个行动措施，表中这十六个措施就能做成七步骤的行动计划。

有时候，我们可能会整理出来很多内容，这该怎么办呢？如果全都填写到这一列就会发现，一片控制指标一起呈现出来，我们就容易混乱不清，那么，我们能否把它们分类规整呢？可以尝试去寻找企业组织的目标类型，目标有四大类措施，指标也是四大类。

所以，我们在填写的时候只归类整理就好，财务、客户、过程、学习成长。这样分类填写后，我们再来回顾这张表就会发现，指标控制点在还没有检验之前就已经变成了平衡计分卡。这是多好的一件事，还能为我们省去不少的时间。至于这个表后面的七步骤该怎么进行，我们将在下一节中为大家揭晓。

表 3-5 八步骤指标分解表

指标类型	指标名称	指标内涵	计算公式	指标标准	指标权重	评分等级	数据来源	考评周期	备注
财务									
客户									
过程									
学习成长									

本节作业

审定企业目标三种模式，完成表单的填写。

在上一节也有例子里可以看出来，写得详尽和不详尽带来的结果是不一样，越详尽，控制点越明确，控制点越明确，越容易萃取出来。指标萃取出来一归类，归成四大类填上去，这张表的表头就出来了。

第三节　欣赏式探寻的共识

签订绩效承诺书的沟通工具——欣赏式探询

大家可能听说过大韩航空 8509 航班的空难事故吧。我们知道，韩国社会的传统文化很重视阶级观念，一切要尊重权威、服从权威，下属不应质疑上级的决定。这种制度尤其应用在军队中特别有效，但并不是所有的管理系统都适合这样的制度，比如，如果民航系统使用这样的管理方式，则可能酿成大祸，大韩航空 8509 号航班空难就是由于这种不适合的管理制度引发出了惨案。

当高空飞行的飞机正处于失控的紧急状态，机上居然没有人采取行动阻止飞机坠毁，他们似乎完全忽视飞机的警报声，副驾驶更是在面临生死关头时选择默不出声。这是机组成员间协同合作的反面教材，怎么会发生这种怪异的事情？难道机长永远是对的？答案可能不在事故现场，而是在数千公里之外，埋藏在数百年历史之中。

从管理学的角度看待这个事件，我们可以感受到，造成这起事故的原因有很多：管理目标任务分解是单项传递的，整个团队之间没有形成合力、取长补短、互补增值。大韩航空的事故调查小组最后得出的结论：长幼有序，尊卑有别，上级说的就是对的，长辈说的就是正确的，下属和晚辈没有任何理由拒绝，必须完全执行。

通过这个案例。我们也要进行反思。当企业在目标分解执行的过程中，只有上级与下属确保沟通顺畅，才能上下协力，凝心聚力。但在企业组织中，领导者应该做些什么，才能和员工之间有更好的互动沟通？

这一节，我们将给大家带来一个工具，这个工具是用来签订绩效承诺书的沟通工具。可以这么讲，通过前几节讲述的七个阶段一张表确定了行动，八个阶段一张表确定了指标，当然指标只进行了其中一部分，其余部分，我们只是将指标进行了归类整理。但是有了行动表和指标表，再进一步就可以填写绩效承诺书了。那么在填写这个承诺书之前，我们还需要先做好一件事，那就是达成一种契约。

为了更好地达成企业组织与员工们之间的契约，就需要使用一个工具来加以辅助，这个工具是什么？它就是本节中将重点讲解的欣赏式探询。这一节的全部内容，就为介绍这一个工具组件，可见它在绩效推进过程中的分量，接下来就让我们一起展开这些内容。

由契约精神达成欣赏式探询，在绩效承诺书的传统中，目标下达有以下三类承诺。第一是业务达成目标，无论目标设定的过程是组织成员一起完成的还是组织成员单独完成的。在企业要把目标落地实施前、签承诺书的时候，往往会发现人总有推诿精神。也就是说人在担责过程中，面对压力总有点退缩。

在遇到这样的情况时，领导者可以做些什么能够让组织成员积极乐观，并主动承担呢？想要做到这一点，就需要先把承诺书的内容介绍完之后，再讨论如何表达这些内容才是最合适的。将来让组织团队承诺，领导者需要通过行动计划表和指标分解表拿出目标的行动内容和指标内容，最终让组织成员承诺和执行的一定是业务目标达成。

第二是人员管理目标，第三则是能力提升目标。看到这可能有人会产生疑问，为什么不能直接承诺业务目标达成呢？如果这样承诺，那结果可能又会变成被动的。所以我们一定要在人员管理目标和能力提升目标出现后才可以这样做，人员管理是对团队成长的交付，业务达成是对组织的交付，而能力提升则是对自己的交付。此时，三个交付之间就有了相辅相成之势，从而构成了绩效承诺书的三大内容。

如果组织成员本身就有主动的意愿，那么就能促成一种主动的意识。在这个时候，如果再加上欣赏式探询的工具，就可以使承诺书在签订过程中没有难以解决的大难点。

其实，无论是目标管理法还是目标承诺法，都有一个最大的问题，那就是上传下达的过程是单向传递的。企业的目标设置可能是全面的，有基本业务目标、人员管理、激励目标和能力提升的挑战目标，但是信息的单项传递会导致大家对于目标接受度不高，执行力不强，最终造成目标落地失败。在这里我们需要思考一下，自己所在的企业关于以上目标是否全面？这些又是如何给到组织员工的？

领导带领团队的四维影响

我们知道，承诺书在签订过程中，如果组织成员都变得积极主动，那么完成签署就没有任何难点。这个柔性辅导的工具——欣赏式探询，是来自于查理博士的毕生杰作《4D领导力》（*4D leadership*）一书，他在这本书里从四个维度讲述了企业领导者如何去带领和影响一个团队。那么这四个维度都有哪些？我们可以结合图3-6的内容来看。

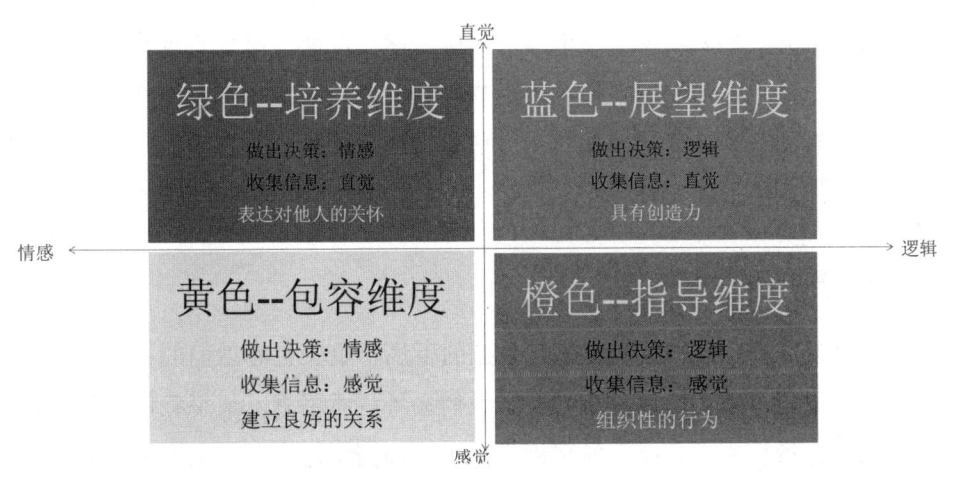

	直觉	
绿色--培养维度 做出决策：情感 收集信息：直觉 表达对他人的关怀		**蓝色--展望维度** 做出决策：逻辑 收集信息：直觉 具有创造力
情感 ←		→ 逻辑
黄色--包容维度 做出决策：情感 收集信息：感觉 建立良好的关系		**橙色--指导维度** 做出决策：逻辑 收集信息：感觉 组织性的行为
	感觉	

图3-6 欣赏式沟通的四维度

第一个维度是培养维度。查理博士认为，有些领导是对组织成员进行合作培养，作为领导者要懂得感恩，也要主动表达对别人的关怀。这样的领导者做出决策是靠情感和直觉。

第二个维度是包容维度。我们在企业中可能遇见过，甚至我们自己就是这样的领导人员。他们在处理事情的时候善于包容别人，作出的决策靠的是情感和感觉，能建立自己良好的关系。

第三个维度是蓝色的展望维度。也就是说在这个维度中，领导者在作出决策时靠的是逻辑和直觉。这也说明了，在这个维度的企业管理者是特别具有创造力的。

第四个维度是指导维度，在这个维度的领导者在做出决策时靠的是初级信息逻辑和感觉。举个例子，在某次企业会议中，属于指导维度的领导者往往会一味地要求下属去完成某些任务或执行某些命令。

所以当企业领导者在把七个阶段的行动计划表和八个维度的指标表完成后，并设定绩效承诺书的人员指标、管理指标、业务指标和个人成长指标时，一定要通过柔性辅导的方式完成。我们要懂得培养对组织成员的关怀，懂得建立组织成员间的良好关系，更要懂得去展望企业和目标未来，然后才能去指导。

总体来讲，图3-6中的四个颜色对应着四个维度，绿色表示感恩；黄色表示包容；蓝色表示展望；橙色表示指导和要求。其实直觉和情感就是一种感恩与欣赏的表现，而情感和感觉一般是柔性表达的，是包容的，而直觉和逻辑一般都会存在对未来的展望，那么逻辑和感觉就显得有点沉闷了。

签订承诺书的方式探索

作为领导者，我们首先要感恩自己的下属，也要包容他们的不足，给他们可以展望的未来，然后再指导要求他们去签订承诺书。如果我们只是从橙色的维度去指导要求，就会发现组织员工又回到了原点，又变成了抵制、不情愿，对工作的态度变得消极。为了防止这样的情况发生，我们就需要从绿色维度入手，一步步地进行。

接下来，我们用一个沟通的流程作为例子，来详细探讨一下欣赏式探寻工具。如果我们经常使用欣赏式探索工具，就会发现它的效果还不错。通常，我们都会将这个技术运用在沟通方面和绩效访谈方面。

但是在实际操作中，我们发现有一个最大的难点，那就是中国的企业成员不懂得表达自己的情感。对于感恩而言，其实我们很多人是懂得感恩的，但就不懂得该如何去表达出来感恩才最为合适。那这是为什么？因为我们普遍都比较含蓄，不愿意把自己内在的情怀流露出来。

其实世界上许多人都是这样，有的人不善于表达情感，有的人不善于接受情感，这也是我们在管理过程中遇到的困难现状。所以在我们掌握了一些工具的刚性表单之后，就需要再学会使用一些柔性的东西，刚柔并济才能更好地发挥作用。

承诺书签订的的注意事项

在有了行动计划表和指标表等看似可以刚性使用的工具后，伴随而来的是柔性的六步骤，而本节中的签订承诺书内容里更是多了一个柔性的工具。实现从柔性到刚性的过程，或许首先学会的第一步就是要感恩，同时还要学会表达感恩，学会微笑。有的人已中年，凡事都见司空见惯了，所以有一个说法是：人到中年会出现天花板，那是因为他不再想要去拓展自己的思维了，他已经看不到希望了。所以最终就会逐渐固化思维，从而没有一种表达感恩的情怀和意愿。但这样是不好的，在这里给大家一个建议：学会微笑吧，表达微笑，然后再感恩和欣赏他人。

第二步是包容，企业组织员工和领导者在一起承诺的过程中，有时在看到指标表和行动计划表时是迷茫的。参与分解之后，面对众多目标中的多个指标，甚至还有一堆措施的时候，员工们都会感觉有些困扰。这时，如果领导者不包容他们的不足，他们就会慢慢消极。人无完人，作为管理者，我们在看待企业员工的时候，不仅要看到他们优秀的一面，更要善于给他们展望。

这就引出了第三步展望。一个企业组织的领导者要善于告诉他们的组织成员，只要大家将自身潜力发挥出来，或保持共赢的态度，一步步踏实地工作，就会呈现一个美好的未来，这个美好的未来就是员工所希望的。我们还可以创造性地告诉每位员工，未来是什么，告诉他们这么美好的场景、美好的未来是什么。

讲述了这么多，我们也能看出来沟通对于企业来说有多么重要。在承诺书签订的过程中，无论是做到哪一个维度，都少不了以沟通作为桥梁，那么，什么样的沟通才是有效的沟通方式呢？

那就是使用"五共沟通法"，即共情：理解组织成员的情感，体会成员们的感受；共景：和组织成员们在相同的环境、场景下交流或共事；共话：和组织成员有共同的语言，尊重每一位成员，聆听他们的想法，而不是总自说自话，要求员工绝对服从；共鸣：和组织成员间有思想共鸣，知其所想，达成共同的远大目标或愿景；共赢：团结协作，最终完成企业组织的战略终极目标。

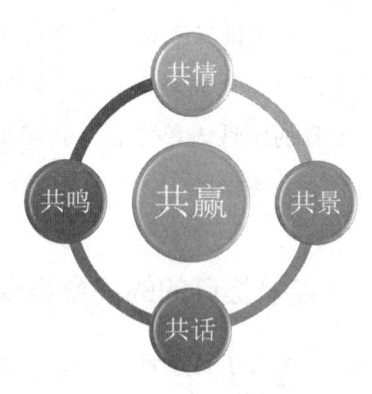

图3-7 五共沟通法

当企业组织的领导者与组织成员间做到共情共景，才能更好地进行共话交流，从而实现思想共鸣，最终达到双方和企业的共赢。沟通不仅可以增进一个企业组织内部的团结，其氛围更是绩效运作良性的保障。因为氛围具有背景力，只有具备的良好气氛，企业绩效管理的机制才会具有导向性，绩效管理的流程才更加具有规范性，这时候的沟通就会具有同理性了。

当领导者和组织成员间的氛围良好时，这种氛围就会提供一个便于沟通的环境，此时企业机制提供保障，流程也提供规范，那么沟通才会更为有效。

当一位组织成员遇见一个既感恩他又包容他，还能给他展望美好未来的领导时，这时再询问他要不要签订这个承诺书，那此时的组织成员肯定

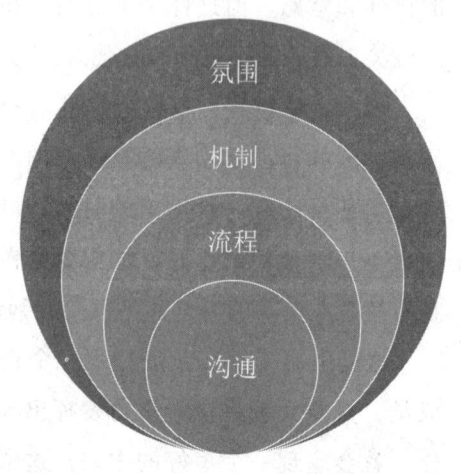

图3-8 绩效运作秘密氛围与沟通

会回答：要的。而签的时候，我们需要签的就是三个维度：业绩目标维度、人员成长维度及人员管理维度。所以，欣赏式探寻工具就是要这么去用的。

在现实生活中遇到的一些困难时，也可以用这个工具去解决。曾经有一次，有位老师去某地出差被几个小年轻劫持在车站旁边，他们想要劫取一些钱财。这位老师最后就是用欣赏式探寻的工具表达了感恩、包容、展望后再进行了一番指导，就将这几个小青年感化了。虽然最终这位老师还是损失了点钱，但比起最初他们想要劫取的钱数，已经少之又少。

再举一个例子，常年出差的人都知道，有时住酒店会出现房间紧张的情况，如果去的迟了可能就没有房间了。还会出现的一种情况是，到了酒店想住一间各方面都符合自己预期的房间也很难如意，这时候就可以运用我们所讲的欣赏式探寻的工具，从第一个维度表达关怀和感恩开始，和前台工作者简单谈谈心，多说好话，再包容一下他缓慢的动作，最后给他一个展望：三百六十行，行行出状元。这样的步骤进行完后，前台工作人员的态度可能就会有很大的不同，他可能会主动和你打招呼，甚至当想要的房间已经没有了，他都会替你升级成 VIP，以便满足你的需求。

由此可见，欣赏式探询工具是多么具有使用价值，而作为企业管理者的我们，如果感恩组织中的成员，包容他们，给他们未来的展望，再对他们进行指导后，就基本可以解决团队绩效承诺书的签订问题了。当我们给自己的组织成员承诺书时，其中内容的部分虽然有行动表和指标表，但直接给员工们自己解读和解析的机会也是必要的，所以这里就增加了一个欣赏式探询的工具。通过这四个步骤，我们就可以把目标管理业务指标巧妙地给到企业组织手中，让他们愿意在这张表上签订契约。

至于这张承诺书的指标内容是什么，本书的第四部分会详细讲到。

本节作业：本节课后的作业：练习并掌握欣赏式探询工具。请在自己家里或者工作环境中选择熟悉的朋友，练习欣赏式探寻工具应用，并反思欣赏式沟通与原来的沟通方式的区别和优势。

第四章

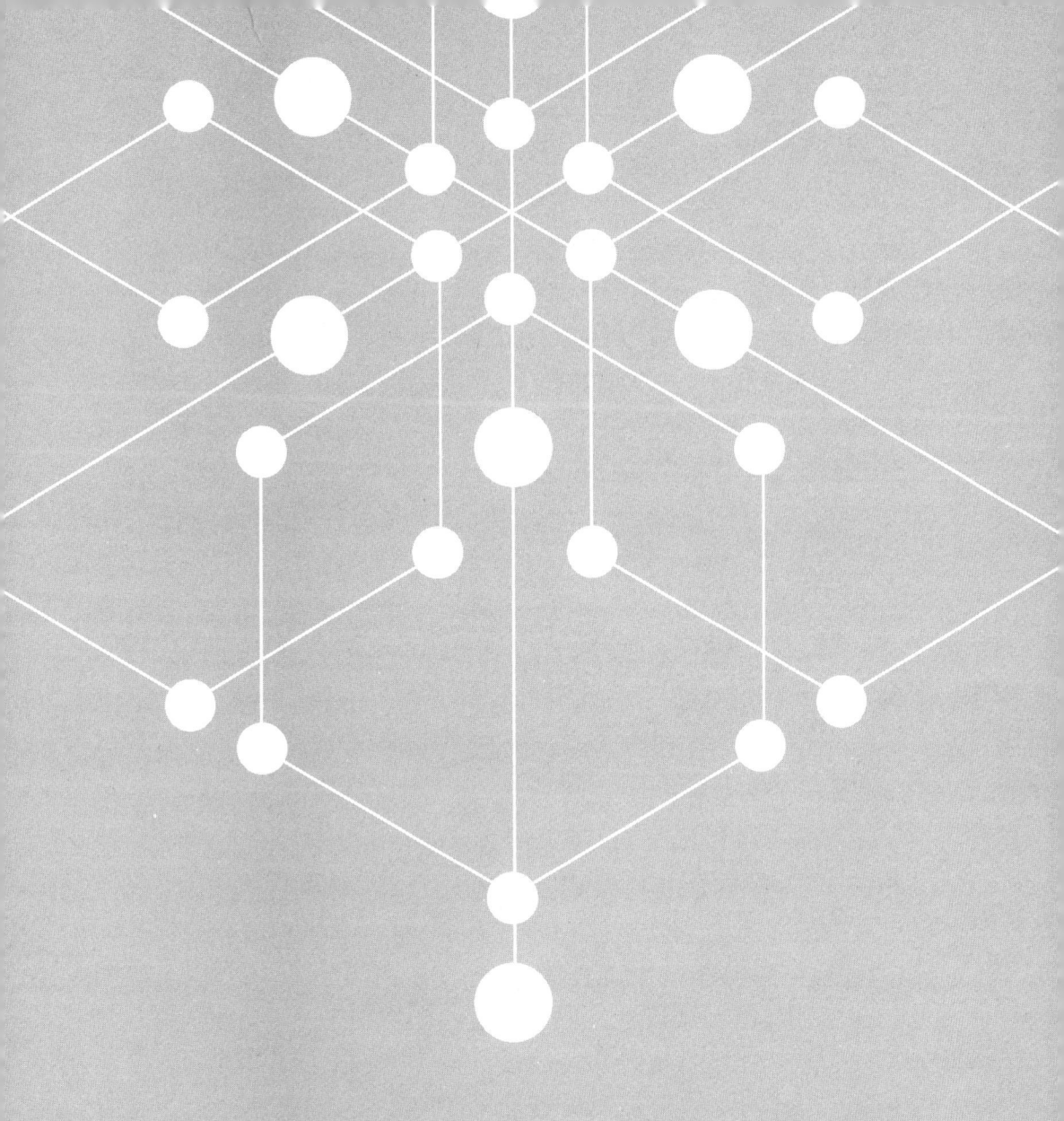

落地有法，变执行为自行

| 第四章 落地有法，变执行为自行 |

第一节　绩效教练：绩效指标分解与承诺书签订

情景领导理论

我们都知道企业绩效在落地推行的过程中，很多时候都会不尽人意。为什么会出现落地无效、执行不力的情况呢？让我们一起探索一下其中的原因。

本章将会阐述指标设定和承诺签订的技巧。之前的章节只是详细陈述并填写了第一列，并没有完全完成这份表单。所以从这一节开始，我们将会完善这个部分。

```
              高意愿
                │
   S2  教练式    │   S4  授权式
       领导     │       领导
低              │              高
能  ────────────┼────────────  能
力              │              力
   S1  命令式    │   S3  参与式
       领导     │       领导
                │
              低意愿
```

图 4-1　传统经济与情境领导

| 强 绩 效 模 式 |

在开始这一节内容之前,我们先分析一个案例。这个案例是引自行为学家保罗·赫塞(Paul Hersey)所写的《情境领导者》(*The Situational Leader*)。在这本书中,作者按照员工的成熟度将其分为四类:工作能力强,又愿意工作;工作能力强,但不愿意工作;愿意工作,但工作能力不强;以及不愿意工作,且工作能力不强。同时还讲述了面对这四类员工,企业组织的管理者应该如何去领导他们的问题。

工作能力强,又愿意工作——授权和尊重。让奋斗者不吃亏,让奋斗者活得有尊严。

工作能力强,但不愿意工作——分四步走。员工不多的话,能采用隔离方式就隔离,如果隔离不了就采取调离。员工众多的话,则需要管理者考虑团队重置,但不建议采取说服方式。

愿意工作,但工作能力不强——师带徒的方法。让师父和能干、愿意干的徒弟搭对,但千万不要让徒弟碰见能干、不愿意干的师父,因为有很多优秀的愿意干、不能干的徒弟都是碰见能干、不愿意干的师父后被同化了,所以才导致绩效落地出现问题。

不愿意工作,且工作能力不强——这类员工是企业最头痛的。如果可以,最好实行裁员。

总结一下,在企业绩效推进的过程中,领导者面对员工需要紧紧抓住能干愿干的,教会那些愿干不能干的,影响那些能干不愿干的,剔除那些不愿干也不能干的,这样才能让团队走向卓越,领导要根据员工变化而变。

为了进一步研究这一问题,保罗·赫塞和肯尼思·布兰查德(Kenneth Blanchard)进行了一番分析和研究后提出了情景领导理论,即四种不同准备度水平下(即四类不同员工)的四种领导风格。既然员工从能力和意愿两个维度构成了四类状态,且领导者的领导方式应同下属员工的成熟程度相适应,那么,面对四种员工,也会相对应呈现出四种适合的领导风格:

R1水平:员工缺乏技能,也没有意愿,领导者需要明确指示为什么做,做什么及怎么做。——S1命令式领导

R2水平:员工缺乏知识技能,但有工作意愿和学习的动机,领导者要给

予必要的训练或指导。——S2 教练式领导

R3 水平：员工具备足够的技能，但缺乏信心与意愿，领导者需要给予激励。——S3 参与式领导

R4 水平：员工有足够的能力、意愿和信心，领导者应当放手。——S4 授权式领导

如果领导没有区分对待这四种员工，就可能会造成企业分解过程中的不利。也就是说，想要领导这四类员工，要的就是被领导者的变化。而被领导者——员工变化了，领导者也要跟着变化。因为管理是动态的，领导者需要跟着下属的变化而变化。

但是按如今的情况来看，领导者想要跟着员工变化已经来不及了，因为一旦环境变了，领导者和被领导者都将会改变，特别是领导者还需要先时而变。

在如今的绩效推动过程中，我们所带领的团队已经越来越年轻化，他们的工作模式和思维方式已经发生了很大的变化，所以领导者也需要产生一些变化。如果再使用曾经的管理方式，比如把目标强推下去，或领导者自己将目标分解下去，已经无法再达到企业组织想要的结果了。这也说明了，作为领导者，我们要和员工共同去完成目标的分解过程。

那么目标分解之后，企业组织又该怎么去承载这个过程呢？接下来我将介绍一张表——八步骤的指标分解表。

绩效指标设定的八步骤解码

这一节的重点就是解析绩效指标分解的八步骤。在图 4-2 中，归纳考核项目在上一节中已经具体分析过，从行动计划表里可以提取出一些关键控制节点，即质量、数量、时间、方式，然后再把它填入表六中，指标分解的行动策略就会分成四类，同时指标也可以分四类。如此一来，我们就可以把这些陆续填入表单中了。

在填入之后，我们就可以列举计算公式。计算公式又是什么呢？举一个例子，将之前的步骤填入之后，我们会发现分解的行动策略可以归为四类。

在财务维度这一个指标里,便可以列举利润率这一类的计算公式了。那么利润率可以算出来的吗?大家都清晰,有公式就说明这个指标是可以量化的。

```
Step 1 → Step 2 → Step 3 → Step 4
确定指标名称  设定指标内涵  设计指标公式  确定指标标准
                                        ↓
Step 8 ← Step 7 ← Step 6 ← Step 5
区分考核周期  设定指标权重  定位数据来源  制定评分规则
```

图 4-2 绩效指标分解的八步骤

我们再界定一下利润率这个指标的内涵,以及这个指标对组织有没有帮助,对团队和个人有没有价值。一个企业的利润率提高,收益就会提高,企业的盈利能力也随之提高。所以,对于团队整体来说有价值的指标就是可以保留的指标。

接下来是确定企业的目标,也就是确定指标标准是什么,这个问题一直是企业组织在绩效推进过程中的一个难点和痛点。很多公司在确定指标标准时消耗了大量的时间和精力,那有没有什么方法可以改善这种情况呢?让我们一起看看下面的四种方法。

第一种方法是经验数值法。以利润率为标准来分析,每个企业在发展的过程中都会有相应的利润率标准,而在这一经验数据上再通过宏观和微观的分析,就可以得出当年或者下一年度的利润目标是什么。可能会有人提出疑问:如果一个新企业没有经验数据,又该怎么办呢?

这就需要第二种方法——趋势预测法,也就是根据新生行业或企业的未来发展趋势界定绩效指标的标准。

如果领导者认为分析新生企业的趋势也比较困难,那还可以使用第三种方法——竞品对标法。也就是说,我们可以参考同类企业的情况来制定新企业的指标标准,比如麦当劳研究肯德基、宝马研究奔驰、联合利华研究宝洁,蒙牛研究伊利等，这就是对标的过程。

在同等规模、同等市场的情况下，新企业与对标企业是 PK 对手的关系。在和同类公司进行对标后，我们就能知道它们考核的标准是多少，并以此作为参考来制定自己企业的指标标准，这就是竞品对标法。

这时可能有人会想，如果没有竞品又要怎么办呢？请大家思考一下，如果一个企业没有预测，没有经验，也没有对手，那这将是个什么企业？通常前三个方法就能解决很多企业在制定指标标准中遇到的问题了。

如果是特殊行业，这里还有第四个方法，那就是参照国家或行业政策规定的标准。

第五项是权重项目配分，其实这里谈权重还有点早，我们把它往后移一下，先看看第六项制定评分规则。因为有了指标标准，就需要看评分规则了。

第一种是数值法。以利润率为例，这个财务目标下的指标标准可能从上述四个方法获得，那它的评分规则又是从哪里来呢？可以通过数值法获得，也就是直接以数字。

第二种是比例式。比例式的好处就是可以精准地画出考核指标的程度。一般情况下，对于数量型的企业或者业务领域，采用比例式是比较好的。

第三种是区间评分法。对于一些职能部门和固有的项目，我们可能找不到具体的数值或者比例来评估，那要用什么办法来解决呢？区间评分法就是设定一个区间，只要在这个区间内就可以算作中等或者优秀。

第四种是零一法。达到标准就得满分，否则就是零分。它适用于一些特殊指标，比如安全指标，即安全指标零一法。

但有些指标无法完成一次量化，那这时就需要用到第五种方式——定性描述法。当然这种方式用得比较少，多数企业在考核过程中还是喜欢把指标进行量化的。

但如果想将一个定性指标进行量化，有没有什么办法呢？那就是二次量化。二次量化指对素质测评的对象进行间接地定量刻画，即先定性描述，再定量刻画的量化形式。二次量化的对象一般是那些没有明显的数量关系但具有质量或程度差异的素质特征。

二次量化要如何使用？举个例子，比如责任心或诚信这类成长维度的指标。对于这个维度目标下的指标，如果要设计评分规则，我们就需要描述员工的行为规则标准，然后再人为定义量化出来。比如最优的行为和最差的行为，然后按照优、良、中、差的顺序将员工行为进行排列，这就是二次量化的过程。

我们在了解这些指标后，就可以剔除没有标准和规则的指标。也就是说，这张表自身带的一个功能就是剔除没有内涵、没有标准、没有规则的指标。

第七项是定位数据来源，也就是定位企业组织的指标数据是从哪里来，或者这些数据是否有出处。如果指标数据没有出处，这就是一个没有用的指标。数据来源的难易程度决定了区分的考核周期。数据越容易得到，考核时就越容易进行数据分析。对于容易得到的数据，我们就可以每月做一次数据分析；不容易得到的话，可能就只能做季度或年度分析。

我们在上一章中讲述的时候，只是把目标变成行动策略，然后再变成行动计划。第一章说到四维目标，四维目标中如果有四个措施，那么每个措施就会有七阶段的行动计划表。

这个时候，我们就发现已经有非常多指标节点出现了，仅仅在归纳项目中就有非常多的指标，四类指标中大概会有十几二十个。我们沿着本节讲述的八步骤进行一次，就可能会把一些不太合适的指标剔除，从而留下能用的指标了，这些就可以叫作KPI，也可以叫平衡积分卡下的KPI指标。

现在，我们倒回去研究归纳考核项目的第五项权重项目分配。这个表并不是按这个顺序走下去的，把每一项走完之后还需要知道权重，因为只有能使用的指标才会需要研究它们的权重。那么权重又是怎么来的呢？其实权重是一个经验值，但这个经验值并不是一个人坐在家里空想就可以获得的，它需要团队的加权平均数。也就是说，企业组织中的成员都有一部分权重，然后再采取加权平均数的方式就可以了。这样，这张表格就填写完成了。

填完这张表后，再去看整体填写的内容，我们将会得到一个结果——绩效指标库。如果表格填写的是公司的内容，那最终得到的就是公司绩效指标库；如果填写的是部门，那最终得到的就是部门绩效指标库了。当我们按顺序完成这神奇的八步骤后，就可以把一些无用的指标、价值量关联不大的指标及没有内涵的指标通通剔除。

那么这个部分由谁来完成？是被考核部门的负责人同团队在一起讨论完成的。所以，这个过程又是一次团队共创的过程，而在这个过程中，大家一起进行，就会变被动为主动，变执行为自行了。接下来我们一起看一个真实的案例，这是一家公司目标分解到指标的会议流程。

表 4-1 指标分解工作流程表

序号	程序	步骤	关键行为	说明	注意事项
1	会前准备	部门绩效对接人对部门级课题和指标进行初步分解	分解到二级部门或科系，明确负责人	在BSC和公司经营计划确定后，部门绩效对接人应即刻汇总所有部门级的课题和KPI，并进行初步分解，判定负责单位、牵头人或主担	部门级课题和指标可以分为两类：1.本身无法再分解，就是一个工作任务，此种可以直接明确主担和达成目标；2.还可以继续分解成子课题，或需要不同科系、模块的人员共同推进，此种需要重点分解，并指定牵头人
		牵头人/主担对所负责任务进行计划和指标的设定	制定详细工作任务、指标并打分	单位的负责人（例如二级单位部门长、科系长）、牵头人或主担对其所承担的课题或指标进行计划分解并明确考核的指标值，特别是需要其他科系/部门共同完成的本部门级课题和指标，务必要在这个步骤中完成打分，明确各自的任务	
		部门绩效对接人汇总、指标分级	明确"关键绩效指标"的指标等级	部门绩效对接人对所有部门级课题和指标的分解明细、工作计划进行汇总，并对"关键绩效指标"进行指标的等级明确	指标等级应分为A/B/C三种
		过往数据收集	过往指标的达成情况	部门绩效对接人部门过往相关的指标达成情况进行收集，用于判定关键绩效指标设置的合理性	

续表

序号	程序	步骤	关键行为	说明	注意事项
2	会中讨论	目标分解会议研讨	讨论、确认指标和指标值设定合理性	任务涉及的单位负责人、牵头人和主担,要对其分解的关键措施(详细的工作计划)、关键绩效指标和指标值进行充分阐述和说明,其他涉及人员对此进行修改和补充,最终确认各自指标	部门负责人、各二级部门/科系负责人、P4/A5及牵头人参与会议;所有指标涉及的人员必须在此会议上确认指标涉及合理性和归属。一般本会议保证3小时以上的充分讨论
3	会后应用	整理会议结论、发布	形成最终目标分解结果	部门绩效对接人对会议中需要修订的关键举措、指标、指标值等信息进行修订,形成确认版后发布到各相关单位	完善附件《指标分解表》
		各M序列(非部门负责人)PBC制定	形成管理人员个人绩效计划	部门内所有M序列(非部门负责人)的个人绩效计划主要部分应该来源于《指标分解表》,科系内其他工作计划为辅;同时本目标分解表应该是部门、科室方针计划制定的主要依据	完成附件《个人绩效承诺书》

所以,上一个步骤是企业中的组织成员们在开会中进行的,也就是接受某一个目标。因为部门在分解目标的时候,它承担的是组织目标的一部分,那么他和团队在一起拿着这些目标,将其变成措施,又进一步变成行动计划中萃取出来指标之后,这部分指标将会通过会议来解码,再经过八个步骤,并把平衡积分卡的指标检验一遍后,留下的就是纯粹能用的目标内容了。

而这个过程是由团队负责人来牵头的,负责人是和他的团队在一起共同完成的。其实做这个事不难,但过程很烦琐。所以表面上出来主持的是人力资源部或者是二级公司的部门负责人,他们和团队经过一系列的讨论分析后,就可以把步骤完成了。

那这个过程需要多长时间呢?表4-1这家公司实际花费十个工作日才能完成这张表。完成之后,八步骤难在哪里?难在指标标准和指标评分规则这两个部分。因为人人头上有指标，个个肩上扛责任，在这种扛的过程中，在谈标准的时候，考虑数据来源的时候，就要宏观、微观分析。

如果使用经验数据法，就需要看企业三到五年数据；如果使用趋势预测法，就要研究整个趋势；如果使用竞品对标法，那么就必须研究对标竞品；如果使用国家或行业的标准，那更得研究宏观数据了。

所以，整体来说，这个过程的工作量还是比较大的，也比较麻烦，评分规则就是套在身上的枷锁。现在可以这么认为，如果企业组织给自己制定规则，员工就可能会出现你不情我不愿的状况，相关的负责部门成员在讨论过程中甚至还可能出现推诿、推避，甚至推辞责任的行为。这时，团队负责人就需要组织所有成员一起，对这部分问题情况进行深入讨论，并不停地重申一个概念——被动到主动、要求到需求。给组织成员传递梦想价值和SWOT分析的优劣势结果，不停地重复这一个概念，让组织成员被激活从而愿意去完成这个过程，甚至要鼓励大家在经过了一系列比较麻烦、纠结、痛苦的过程后，共同制定标准、规则与评分。

完成这些过程虽然可能会有痛苦，成员之间也可能会出现争论，但是先产生争论，在解决问题之时就不需要继续争论了。所以这张表的好处就相当于在计划阶段就提前完成了争论，那么在执行时就一帆风顺了。提供表4-1的这家公司是一家大型上市企业，它的管理者曾说：我们的组织成员宁愿把成员间争论的过程放到计划阶段，也不愿意在执行阶段去相互争论。

表4-2 八步骤指标分解表

八步骤指标分解法								
指标类型	指标名称	指标内涵	计算公式	指标标准	指标权重	评分等级	数据来源	考评周期
财务								

续表

八步骤指标分解法									
指标类型	指标名称	指标内涵	计算公式	指标标准	指标权重	评分等级	数据来源	考评周期	
客户									
过程									
学习成长									

表4-2就是我们企业将要去完成制作的，从表中可以看出，经过八步骤的规范过程后，其实就把表中后续的内容写清楚了。回顾一下之前的内容，将上一章节讲述的部分填写在这张表的指标里，将控制节点填到指标名称中再进行指标内涵分析。分析后把没有内涵的指标剔除，对于没有公式的指标也进行剔除。当然一般企业都会找到指标公式，如果实在找不到，就可以采取定性描述指标标准的方式，通过经验数据、竞品对标、行业趋势预测趋及国家宏观数据分析这四个步骤找寻指标标准。

数据分析结束以后，有一个指标需要考虑，那就是指标权重。对于指标权重，这里还是先将它后移。接下来直接进行指标评分等级，细化之后还需要再关注数据来源，数据来源确定下来就需要计划考评周期了，这时通过加权平均法就可以将权重的部分解析出来。在经过这八个步骤后，这张表中的所有指标就形成了一个指标库。

其实进行这个过程是比较纠结的，可以说这个部分是本书内容的一个难点。在绩效管理的整个过程中，这部分对领导者来说也是相对纠结且困难的。但表4-1中所展示的真实案例也证实了有企业组织真的在这么进行，是有企业完成过的。当然，把争执的部分前移对企业组织的绩效分解过程是有好处的，这是将执行变成自行的过程。

最后还有几张案例表，它们都是上述表格完成之后的一些指标，也是销售部门集体开会谈论学习以后使用的指标公式。指标标准和指标评分等级的部分就不用看了，因为每个企业组织的这两项指标会存在差异。但是指标名称和指标公式对于很多企业而言还是有参照性的，可以了解一下。

比如，财务部经过八个步骤讨论之后提出了相应的指标库；生产部门组织之后也提出了相应的指标体系，再进行八个步骤；质检部及其他部都提出了指标，那么在有了指标标准和指标评分规则后，企业员工就可以获得一个完整的指标库了。后续再把这个指标库稍微改变一下，就会成为某企业、某部门或者某岗位的考核表，接下来就可以让员工填写承诺书了。

表4-3 关键指标的内容——工程管理部

序号	KPI指标	考核周期	指标定义/公式	资料来源
1	设施设备检修计划完成率	月/季/年度	$\frac{设施设备实际检修数}{设施设备计划检修数} \times 100\%$	工程管理部
2	特种设备保养计划完成率	月/季/年度	$\frac{特种设备实际保养数}{特种设备计划保养数} \times 100\%$	工程管理部
3	零修急修及时率	月/季/年度	$\frac{时限内完成的零修急修数}{零修急修总数} \times 100\%$	工程管理部
4	公共设施完好率	月/季/年度	$\frac{公共设施完好数}{公共设施总数} \times 100\%$	工程管理部
5	维修质量合格率	月/季/年度	$\frac{质量合格的维修单数}{总维修单数} \times 100\%$	工程管理部
6	机电设备完好率	月/季/年度	$\frac{机电设备完好数}{机电设备总数} \times 100\%$	工程管理部
7	业主对维修满意率	月/季/年度	对维修服务满意和基本满意的业主占接受维修服务业主总数的百分比	客户服务部

表 4-4 关键指标的内容——财务部

序号	KPI 指标	考核周期	指标定义 / 公式	资料来源
1	绿化计划完成率	月/季/年度	$\dfrac{\text{实际完成的绿化面积}}{\text{计划完成的绿化面积}} \times 100\%$	环境管理部
2	保洁达标率	月/季/年度	$\dfrac{\text{保洁达标面积}}{\text{保洁总面积}} \times 100\%$	环境管理部
3	绿化完好率	月/季/年度	$\dfrac{\text{绿化完好面积}}{\text{绿化总面积}} \times 100\%$	环境管理部
4	垃圾清运及时率	月/季/年度	$\dfrac{\text{垃圾清运及时的天数}}{\text{考核期总天数}} \times 100\%$	环境管理部
5	保洁预算达成率	月/季/年度	$\dfrac{\text{实际保洁费用支出}}{\text{保洁费用预算}} \times 100\%$	财务部
6	绿化预算达成率	月/季/年度	$\dfrac{\text{实际绿化费用支出}}{\text{绿化费用预算}} \times 100\%$	财务部
7	业主对环境满意率	月/季/年度	对环境满意和基本满意的业主占业主总数的百分比	客户服务部

表 4-5 关键指标的内容——秩序管理部

序号	KPI 指标	考核周期	指标定义 / 公式	资料来源
1	消防安全设施完好率	月/季/年度	$\dfrac{\text{消防安全设施完好数}}{\text{辖区消防设施总数}} \times 100\%$	秩序管理部
2	消防安全事故发生率	月/季/年度	消防安全事故发生率通过辖区内消防安全事故发生次数进行评价	秩序管理部
3	机动车辆丢失率	月/季/年度	机动车辆丢失率通过辖区内机动车辆丢失数进行评价	秩序管理部
4	治安案件发生率	月/季/年度	$\dfrac{\text{治安案件发生数}}{\text{辖区总户数}} \times 100\%$	秩序管理部
5	停车费按时收缴率	月/季/年度	$\dfrac{\text{停车费实际收缴额}}{\text{停车费应收额}} \times 100\%$	秩序管理部
6	业主对秩序管理的满意率	月/季/年度	对秩序管理状况表示满意和基本满意的业主占业主总数的百分比	客户服务部

绩效承诺书的完整填写

至此，我们将之前所讲述的内容都综合起来，会发现它们就像一部电影大片，千头万绪在这个部分就会汇总成一张表，这张表是绩效承诺书，也就是契约精神。从前文两张表中（一张定行动，一张定指标）根据指标标准提出行动节点、行动计划，计算出权重之后也填写进承诺表中，就形成了绩效承诺表的设定。这张表展示出企业组织的绩效承诺书，其中需填写三个目标：业务目标、人员管理目标和能力提升目标。从那些指标和行动计划表中提出的这些内容，就可以使企业组织有效地进行本节所讲述的表格内容的填写。

现在，再回头看绩效承诺书这张表，数据是企业组织成员共同完成，行动计划也是团队共创的，所以再让员工填写就是一件很容易的事了。这时候如果想要达成结果目标、业务目标、承诺，解决实际完成时间、责任人是谁、权重是多少等问题，就会非常容易。

行动计划表的一些关键措施点、人员管理的措施、能力提升的措施都要填入表格。甚至，团队协作的承诺是什么，在行动计划里配合谁，怎么去操作，有没有控制节点（指标表中找到控制节点），这些全都要记录。

当表格所有的内容都填写完后，再看看红黑事件。在一个部门或团队的执行工作中，某事件情发生后会造成组织绩效为零，这种事件被称作黑事件。红事件是指某件事之后可以有效促进组织绩效。

这张表填完之后就是一份绩效承诺书，企业领导或管理人员将这张表给到员工，再经过一番努力和十个工作日的讨论，以及之前填好的行动计划表与行程表，就可以评估员工是否会愿意做出承诺。这样美好的企业愿景，组织有那么多优势，成员们也进行了承诺，那最终就可以促使员工签署绩效承诺书了。如此一来，员工自愿签署的过程就是变执行为自行的过程了。

到这里，这一节的内容就结束了。按照所讲述的内容，企业在填写行动计划书之后，将指标分解和承诺书填写完成，就能有效地把被动执行变成自动自发地执行这一工作完成，并且组织员工还学会了主动承诺。

本节课后作业：完成企业八步骤绩效指标分解表和绩效承诺表的内容填写。

八步骤指标分解法									
指标类型	指标名称	指标内涵	计算公式	指标标准	指标权重	评分等级	数据来源	考评周期	
财务									
客户									
过程									
学习成长									

员工月度绩效承诺书					
姓名： 部门： 职务：				承诺时间： 年 月 日 – 年 月 日	
达成结果——目标承诺（做什么？做到什么程度？)(做正确的事)				权重	15%
序	任务 – 项目	达成目标/指标	承诺完成时间	实际完成时间	验证人
1					
2					
3					

续表

行动措施——目标承诺（如何做？）（正确地做事）				权重	15%
序	措施—步骤	达成目标/指标	承诺完成时间	实际完成时间	验证人
1	业务目标				
2	人员管理目标				
3	能力提升目标				

达成结果——目标承诺（做什么？做到什么程度？）（做正确的事）				权重	15%
序	任务-项目	达成目标/指标	承诺完成时间	实际完成时间	验证人
1					
2					
3					

团队协作——目标承诺（配合谁，谁配合，需要支持？）（把事情做正确）				权重	15%
序	任务-项目	达成目标/指标	承诺完成时间	实际完成时间	验证人
1					
2					
3					

关键事件（红事件？黑事件？）（黑转红）				权重	15%
序	事件描述	贡献度或损失度	发生节点	发生背景	验证人
1					
2					
3					

第二节 契约精神：绩效教练与辅导不同阶段剖析

绩效辅导的不同阶段

我们在这一节重点了解和学习的绩效辅导方式，将会贯穿在整个绩效管理的过程中。在之前讲到绩效考核和绩效管理的区别时，我们也曾提到过绩效辅导这个概念，绩效考核所缺乏的是一个辅导、教练的过程。而绩效管理与绩效考核的一个重点区别之一，就是绩效管理从头至尾只有一个绩效面谈辅导的过程。

在这一节中，我们会一起探讨在绩效管理的辅导过程中，每个阶段需要完成的事，同时还会了解绩效辅导的目的，企业可能在辅导阶段犯的错误，在哪些方面去改进，以及该如何操作才能把绩效辅导做得更优？

首先来探讨一下进行绩效辅导的最佳时间。企业可以分为两类：一类是绩效管理做得比较优秀的企业，一类是绩效管理做得比较一般的企业。这两类企业之间具体差别又在哪些地方呢？通常，绩效做得比较优秀的企业都有一个很大的特点，那就是绩效辅导互动的周期特别短，并且互动的频率特别高。这样，企业就形成了一个共鸣的过程，即在绩效管理的计划阶段、实施阶段、反馈阶段及结果处理阶段都会有绩效面谈的反馈。而绩效做得比较一般的企业则会在绩效考核的过程中不进行绩效的面谈辅导，同时还会把绩效管理的环节分开。也就是说，这类企业组织没有进行绩效管理的教练辅导过程，只是进行了绩效的考核评估。

绩效面谈是现代绩效管理工作中非常重要的环节。绩效面谈可以实现上级主管和下属之间对于工作情况的沟通和确认，找出工作中的优势和不足，并制定相应的改进方案。其实进行绩效面谈辅导的最佳时间无处不在，处处都是沟通的过程，所以绩效管理的过程其实就是组织成员间不断沟通与辅导的一个过程。作为企业的领导者或管理者，我们不要以为只要进行了目标分解，绩效的指标自然就能落地。

实际上，管理者要通过周期性的、频繁的沟通过程来实现绩效的纠偏。同时，面谈过程和辅导过程又能提高组织团队中每一位成员对目标的假设认知。这样推行绩效管理既能凝心聚力，还能纠正组织成员在执行过程中的一些偏差和不足点。因此，绩效辅导在组织整个绩效推进的过程中就显得尤为重要。

绩效面谈辅导四阶段

那绩效面谈辅导是怎么开展的呢？绩效面谈和之前章节中所讲述的绩效推进四阶段是相互吻合的，可以分为计划面谈、指导面谈、考评面谈和反馈面谈四个阶段。具体来说，整个目标分解过程要计划面谈，绩效落地执行要指导面谈，考评过程中进行考评面谈，绩效结果反馈过程进行反馈面谈。

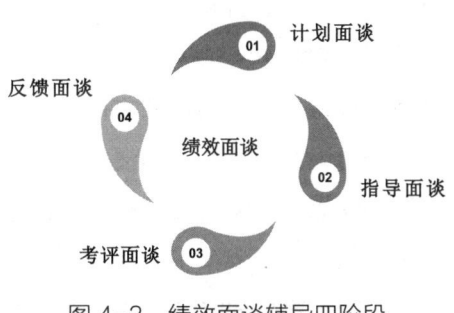

图 4-3 绩效面谈辅导四阶段

1. 计划面谈

绩效计划面谈是指在工作的初期，上级主管与下属就本期内绩效计划的目标和内容及实现目标的措施、步骤和方法所进行的面谈。该项工作是整个绩效管理工作的基础，确定了工作的目标及后续绩效考核的结点，能够正确引导员工的行为，发挥员工的潜力，不断提高个人和团队的绩效。在这个过程中，上级主管要向员工提供工作的绩效目标，请员工注意在指标设计中双方达成一致的内容，并请下属做出事先的承诺，包括对于结果指标和行为指标的承诺。

辅导计划面谈是企业组织成员在制定绩效目标和绩效工作计划的过程中，与团队进行沟通的方式。我们在前文讲述行动计划的制定和目标的分解与团队共创的过程时已经学习过了。实际上，这部分就是绩效计划分解的一个面谈过程。另外，企业组织的领导者或管理者要想将目标变计划，不能只通过一种方式告知其他组织成员，或者直接将目标计划给到他们。

传统企业在进行绩效管理工作时，是领导者把目标分解成计划或者指标后应用于被考核者，被考核者仅仅是参与签字确认环节，整个过程就算是完成了。但被考核者面对这样的操作过程和结果时，心里是难受的，他们就如同哑巴吃黄连——有苦吐不出。

所以，要怎么做才能最大程度避免这样的情况发生呢？我们在之前的章节讲到过六步骤行动计划，现在再回顾一下就恰好能证明计划面谈是如何进行的了。六步骤形成七阶段行动计划表的第一步就是共话愿景，共话愿景就是在回顾第一章讲述的梦想链接梦想的过程。当企业组织中的成员在共话愿景的部分达成共识时，就是一个面谈沟通的过程。成员们在一起头脑风暴，共同去反思、展望自己未来的时候就是在共话组织的愿景，这不就是一种交流吗？

然后再进行SWOT分析，分析的过程其实也是组织成员间相互沟通的过程。SWOT分析虽然是通过书面化的方式，但是组织成员在填写表格之后会得到SWOT分析的点评和解释，以及一些教练和辅导。当员工看到的是威胁，领导者就要引导他看见机会；当员工看到的是劣势，领导者就要引导他看见优势。变威胁为机会，变劣势为优势，这个过程就是计划面谈。

此时，承诺也是组织成员间相互交流的过程。承诺就是在计划面谈中把计划内容给到相应的组织成员，并让他们去做计划的过程。而团队共创过程中的几步骤就是在计划阶段不停地交流面谈的过程。

只有这样，最后形成的行动计划，才是小组在一起讨论，并通过头脑风暴和结构化方式讨论后得出来的。所以这些步骤需要在计划面谈阶段完成，这一阶段承担了大量的工作。

2. 指导面谈

指导面谈是在绩效管理活动的过程中，根据下属不同阶段的实际表现，主管与下属围绕思想认识、工作程序、操作方法、新技术应用、新技能培训等方面的问题所进行的面谈。该过程是绩效面谈中的核心工作，能否有效地把该项工作开展好，是整项工作任务能否较好完成的关键。

指导面谈应按工作的节点或进展程度定期进行。管理者需要走出去和其他组织成员互动交流，而不是在办公室，这种方式被称作走动式管理。当企业领导者把绩效计划承诺书给到下属之后，其实就是在和下属并肩作战了。我们需要观察组织成员的周期工作，看他们的工作阶段，并时不时地指出其工作中的不足点和需要纠正的部分。

有些管理者认为，只有在下属工作出现问题时才需要进行指导面谈，这是不正确的。有效的指导面谈能够提高下属的积极性、能动性。绩效指导面谈需要注意如下事项：管理者要摆好自己和员工的位置，双方应当是具有共同目标、完全平等的交流者，具有同向关系，管理者不应是评价者或判断者。在面谈过程中，应以表扬为主。俗话说，知人者智，自知者明，但人们经常不自知，对自己的短处、劣势或不足看得过轻，甚至根本看不清。"好大喜功"是人之常情，每位员工都希望自己的工作得到管理者的认可。

因此，领导者在面谈过程中反馈的信息不应该是针对被考评者，而应当针对某一类行为，也就是"对事不对人"，而且应该是员工通过努力能够改进和克服的。例如，我们发现员工的工作效率较低或无效，可以通过面谈和他共同探讨如何提高工作效率，让他自己意识到自己行为的低效，并制定出新的行为标准，这种做法要比批评员工"脑子笨""人格有问题"恰当得多。前者可使员工感到自己能力在提高，经验更加丰富，对本职工作更加热爱；而后者往往使员工自暴自弃，对自己的未来缺乏足够信心，放弃在工作或学习方面的努力。

管理者应选好面谈的时间、地点，面谈的相关资料应具有绝对的真实性。有效的信息反馈是非常重要的，当管理者发现员工某种行为不是最佳的行为时，应及时提出。而如果没有及时指出，员工会认为自己的行为是正确的，在思维上逐渐形成定式。当管理者再进行指正时，员工的心里也会产生抗力。管理者反馈的信息应当真实，也就是面谈中的信息需要经过核实和证明，虚假的信息会使员工感到茫然、委屈。

例如，某位员工半年内迟到过一回，主管领导了解后马上与该员工面谈，第一句话就是"你这段时间怎么老迟到"，当员工进行辩驳时，如果管理者依然坚持自己的观点，结果可想而知。其实，验证信息准确性的最简单方法就是让参与者再复核一下信息，看看与管理者最初的看法是否相同。此外，面谈的地点选择也非常重要，在大庭广众之下，管理者强烈的指责和批评对员工的影响很大，员工会寻求各种方法来保护自己，这种自我防卫机制一旦形成，会严重制约和影响组织绩效的提高和发展。

3. 考评面谈

这个阶段是在企业组织的整项工作完成，或一个考核周期结束之后，根据下属绩效计划贯彻执行情况及其工作表现和工作业绩进行全面回顾、总结和评估，并将结果及相关信息反馈给员工。在面谈阶段，管理者应准备充足的资料，对员工取得的成绩应予以肯定，并指出产生优秀结果的有效行为，从而加强员工的有效行为，这一点很重要。如同员工对自己的不足之处认识不够一样，他们也常常不能全面意识到自己的显著优势和因此取得的优异成绩，及时的、客观的评价和认同有利于员工巩固自己的优势，加以保持和进一步的发挥。

4. 反馈面谈

这个阶段是在考评之后，领导者对每个结果、每个团队参与的考核人员进行结果反馈。反馈面谈的主要目的其实就是在考评之后将结果反馈给员工，做到惩前毖后，使员工获得成长的过程。其重点在于问题员工，那么如何反馈问题，教导员工成长和改进不足，从而提升绩效共赢发展，才是整个绩效面谈，即"PDCA循环"的一个重点。

以上内容就是企业领导者在绩效面谈四阶段里需要做的重点工作，本节主要讲解了前两个阶段。对于考评面谈和反馈面谈将在后面展开详细探讨。

PCDCAC 管理循环工具

面谈是一个 PDCA 循环沟通的过程，而我们的很多企业往往做计划的能力都是很强的，但是如果需要制作完整的计划过程，就需要在执行阶段检查、反馈甚至不断沟通。对计划结果的反馈和问题员工的处理，更是需要检查和沟通的。

为了能方便快捷和更好地检查所在企业的绩效面谈是在哪个环节，企业计划面谈如何进行，企业的指导面谈怎么开展考评面谈，如何反馈面谈的过程，我为大家提供一个工具，那就是"PCDCAC"。这个工具就是把"PDC"拆开，并加入三个循环的一个检查一个反馈，它可以作为每阶段检查沟通问题的一个工具。

图 4-4　PCDCAC 管理循环

在使用这个工具时，领导者除了需要反思企业的绩效管理是否做到四阶段的面谈，是否每一个阶段面谈结束后都做过这样的反馈检查和沟通，还需要考虑绩效面谈的整个过程是否遵守了七项原则，即建立并维护彼此的信任、清楚地说明面谈的目的、真诚地鼓励员工多说话、倾听并避免对立与冲突、集中于未来而并非过去、注意优点与缺点并重、以积极的方式结束面谈。如果这些都有条不紊地进行和完成了，那么绩效管理中面谈辅导将会给企业带来很大的改善和进步。

> 本节作业
>
> 掌握和练习使用 PCDCAC 工具，并思考如何对员工进行面谈。

第三节　如何进行绩效面谈，让员工自动化执行

我们在上一节讲到绩效管理是一个循环，绩效面谈可以分成四个阶段。这四个阶段是贯穿绩效管理的始终，并占据了很大的分量。既然绩效面谈过程如此重要，那么企业组织又需要遵循哪些原则才能让其更好地开展呢？

绩效面谈七原则

我们都知道，绩效面谈是一个带有目的的谈话过程，就类似于一场谈判，在这个谈判的过程中，企业需要知己知彼，方能百战百胜。所以，为了获得最好的效果，企业在面谈的过程中，就需要遵循一定的原则。

原则一：建立并维护彼此的信任

有人可能会问，为什么要建立彼此的信任？因为我们都清楚，人无信不立，组织领导者无信则员工就无法与企业建立良好的联系。况且绩效面谈最重要的就是组织成员间的沟通，而信任恰恰也是沟通的基础。

前面章节有讲到梦想链接梦想——变要求为需求，变执行为自行等内容，这些其实都是为了一件事，即在企业组织中，成员之间能建立一个彼此信任的良好关系。组织在最初勾勒梦想的过程中，管理者和员工们形成了共同的愿景和背景，从被动到主动过程中又统一了领导者与员工们的理解，认识到绩效是需要企业组织中的每一位成员共同完成的事情。同时，我们还会通过七步骤的行动计划为团队共创凝聚合力，从八个字段的表单形成群策群力的标准和执行规则。最后进行回顾和反馈，就可以总结制作出一张绩效承诺书。这个绩效承诺书就是企业组织最终萃取出来的成果，也是在绩效推进过程中，企业组织成员共同遵守并达成的一个目标。

这些都是组织成员在建立彼此信任的过程中开展的，这些工作的完成也是为绩效面谈奠定相互关系的基础。所以之前章节讲述的内容，最终都是为了在进行绩效面谈的时候有话可说，彼此间也能够相互接受。

原则二：清楚地说明面谈的目的

既然绩效面谈是带有目的的一种谈话，那么清楚地说明目的就显得尤为重要。在面谈开始时，领导者就需要把绩效面谈的目的告诉员工，让员工清楚绩效面谈的内容。面谈目标也要聚焦于员工上期绩效的回顾，帮助员工进行绩效改善，而不是批评。其实绩效面谈的目的不是计划把员工辞退，而是惩前毖后。描述面谈目的，可以让员工放下思想包袱，以更加开放的心态进行互动。

作为企业组织领导者我们在面对问题或处理情况时，需要做到对事不对人。在清晰了企业的目的之后，领导者才能和组织员工建立信任的关系，这样再去进行绩效面谈才能做到和谐沟通。

对于面谈目的的内容，领导者需要开宗明义，表达清楚。总而言之，我们要明白，谈话是对企业组织成员进行改进。

原则三：真诚地鼓励员工多说话

一些企业中的个别管理者有这样的特点，那就是自以为是。组织员工还没表达内容，管理者就自以为很了解情况，打断甚至不让员工讲述自己的观点。这样的行为，在绩效管理中就如同就把员工打入了"冷宫"，员工也渐渐变得不再说话和发表看法了。如此，双方在无形之中就出现了一种对立。

还有的领导好为人师，组织员工还没有说出自己想要表达的内容，这类领导就自顾自地先说了大量的内容，这时员工就会开始烦躁。员工一旦产生不好的情绪反应，那么后续进行的绩效面谈也就没有结果。

企业领导者或管理人员要对组织员工真诚地表达欣赏，鼓励员工多说话。毕竟员工在制作、生产等工作的一线，他们是最"听得见炮火"的人。虽然管理者和员工们一起做出了绩效行动计划和指标表，但是最终计划的执行者还是企业组织中的员工，他们最清楚这些计划或指标在推进过程中可能会出现哪些无法提前预测的问题。所以，如果企业领导者不让员工表达他们的看法和观点，其实就是不尊重事实。在绩效面谈中，这样的情况一定要避免发生。

原则四：倾听并避免对立与冲突

企业领导者如果只是鼓励员工多说话，但是却不倾听员工说了什么，这也是不可取的。其实，听比说更重要，上帝给了人类两个耳朵，一张嘴，就是为了让人少说多听。企业领导者的好为人师和自以为是，就是不善于倾听造成的。他们在绩效面谈的过程中总喜欢侃侃而谈、口若悬河。这就往往导致他们组织员工在谈到最后的时候，员工们早已对他们话中的内容置之不理了。

所以企业的领导者一定要学会去倾听，听组织员工的观点和想法，听员工们在执行过程中出现的不可预测的问题，听员工在绩效管理推进的过程中出现了哪些没有想到的问题等。学会倾听是避免冲突和对立的有效方式，而在倾听组织成员的表达时，真诚的态度也是极其必要的。

原则五：集中于未来而非过去

过去的事实已经发生，在绩效计划执行过程和绩效指标落地过程中，经过一个周期或一段时间的推进，组织成员就能产生一个事实性的结果。而当结果出现后，企业领导无论再怎样批评都无济于事，这个结果已经没法改变了。所以企业可以集中于未来，帮组织成员重温一下当时的梦想链接梦想；重温一下当时一起SWOT分析这种状态的优势与机会，重温一下企业团队共创的时候，给他们的信心和解决问题的方法工具。点燃组织员工的动力，让他们将执行绩效管理过程中受到的委屈、不可预测因素及感受的负面情绪在绩效面谈中得以宣泄。同时，企业领导者再及时给他们一些肯定与支持，与他们一起展望未来，那么他们的心里就能得到安慰和鼓励。所以，集中于未来，而非过去也是尤为重要的一点。

原则六：缺点优点并重

高明的领导在绩效面谈时会采取"汉堡原则"——表扬、批评加表扬。缺点最好能让员工自己感悟到，也就是在面谈的过程中，让员工自己分析自己的缺点，领导者只是去触动这部分，而不明显地指出。在绩效面谈中提到优点的同时，也需要让员工自己分析总结原因到底是什么。

如果一家企业的领导在进行绩效管理面谈时，将上述几个原则都做得很好，那么员工一定也会拿出信任和真诚，认真分析和讨论自己的缺点，同时还和领导推心置腹地交流。这时，企业集中的就是未来，而不是过去。

原则七：以积极的方式结束面谈

为什么要以积极的方式去结束一次绩效面谈呢？因为这样的结束方式有利于企业组织开展后续的工作。在绩效面谈的过程中涉及的所有内容最终目的都只有一个，那就是让组织成员能把绩效做得更好。既然是这样的目的，那就没必要在面谈结束的时候以一种消极的方式收尾。可以给员工们提出下一步的计划，同时给出一个积极的号召，这样就可以让员工们满怀信心地结束这一次面谈。

在了解学习完企业绩效面谈需要遵守的七项原则之后，可能会有人觉得有些复杂，领导者真的有必要这样一条条地去遵守并完成吗？我们在企业中有时会遇见谈了很久都谈不清楚的员工，而这些员工往往都会花费参与面谈人员大量的时间和精力。这个观点看似是对的，其实内涵问题还有待讨论。

我们举个简单的例子，每个人在儿时基本都是通过爸爸妈妈的教导才学会很多行为。就拿学习走路来讲，每个人在学习走路的时候，都是被家长耐心教导和陪伴过的，没有家长会只教孩子一次，如果孩子没学会就从此放弃的。所以，企业的领导者为什么就不能像父母教孩子一样，多花一些耐心对待自己的下属呢？

如果员工一次教不会，领导者就自己去完成任务；和员工面谈一次谈不清楚问题，领导者也自己去解决，虽然在短时间内处理事务的效率是最快的，但员工却永远不会成长。领导者此时就变成了保姆式领导，永远在完成员工学不会的事情，仿佛员工才是公司的上级。

这种时候就需要通过绩效面谈，让员工清晰地认识到自己的优缺点，知道自己的不足和改进方向，这样才能帮助他逐步成长。这样做是为了将来有一天，领导者不用和员工进行面谈或沟通，就能使他们自动自发地做事情。当员工们成长起来，企业领导者也会轻松很多。就像当孩子自己会走路的时候，妈妈就不用一直抱着他了。

绩效面谈的谈话方式

为了更好地进行企业绩效面谈，面对不同类型员工时，我会运用不同的应对方式展开来讲述，并和大家一起探索讨论。从优秀的员工到性格暴躁的员工，每一种类型的面谈方式都会有很多不同之处。

第一类：优秀的员工

对于优秀的组织员工，我们在和他们进行绩效面谈的过程中，一定要鼓励他们制定发展计划。不要急于许愿，先听听他们的内心想的是什么，然后再去帮助他们规划属于自己的未来。优秀的组织员工往往有点骄傲，企业领导如果不让他们把自己内心的想法说出来，对他们而言就变成一种打压了。所以，鼓励这一类员工去制定更高的发展计划，而不要急于把企业的许愿讲出来。

第二类：长期无进步的员工

这一类员工总是让领导者很郁闷，因为他们长期看不到进步。对于这类员工，领导者在绩效面谈的过程中就需要带有一定的惩处措施。可以开诚布公地讨论一下这个职位是否适合他们，并让他们认识自己的不足。如果这类员工有详细的改进计划，那可以给一些机会让他们再来一次，但是如果没有，就得好好研究他们职位的去留问题了。

第三类：绩效差的员工

对于这一类员工，企业需要从多角度分析原因，客观地讨论当下的实际成果。毕竟有的员工绩效差并不是因为能力，问题可能出在市场上，例如市场压力特别大，组织员工没法做到位这种情况。所以一定要在分析客观原因后再讨论下一步改进计划，以让这类员工有机会把客观情况讨论清楚。

第四类：资历深的员工

对于这一类员工，企业在进行绩效面谈时会有一个十分纠结的过程。首先，企业一定要尊重他们的贡献，肯定他们的成绩，用耐心而关切的态度让他们体会到组织的愿景，并用企业未来的规划触动他们。

但是我们还需要清楚，企业中有能力却不愿努力的大多是资历比较老的员工。所以想把他们感化，难度还是有点大的。那么，既然难度大，又该怎么办呢？只能说对于这类型的员工，如果在绩效面谈后还是没有什么实质性效果，那就得想办法将他们调走，要么隔离，要么调整职位。当然，对于面谈的结果也不要抱太大的希望，因为这类员工已经长年累月养成了习惯，不是三言两语能有所改变的。

第五类：骄傲的员工

很多企业都有这种类型的员工，成绩并不多么优秀，但脾气不小，而且特别骄傲。对于这样的员工，领导需要适当地冷处理，让他们能够主动沟通，反映事实。最好的沟通方式就是利用面谈主导者的能力、成绩、处理问题的高超方法及技术来将他们征服。

再骄傲的员工心里也会有脆弱的一面，只要我们让他们看到差距，看到事实成绩的悬殊，他们或许就会愿意主动沟通。所以在和这类员工进行绩效面谈之前，一定要把自己的过往经历与他们进行对比，只有管理者的实力、能力等方面超过他们才可以。

第六类：内向的员工

这类型的组织员工也总是令企业的领导者们纠结。无论面谈者讲述了什么，他们都不接话，也不说其他内容。所以在和这类员工进行绩效面谈的时候，要耐心启发，提一些非训导性的问题。如果管理者的态度稍微强硬一些，可能还没怎么说话，他们就能哭起来。

所以，领导者要提一些非训导性的问题来引导他们，感恩他们，欣赏他们，慢慢地就能让他们打开心扉，愿意说话。如果实在做不到，那就让内向的员工和他们的朋友一起进行面谈。可以让朋友转嫁思想，毕竟有时候另一个参数可能比领导者面谈效果好得多。但是要记住一件事，内向的员工并不是没有朋友，他们是很聪明的，内心往往也很细腻，分析问题很到位，对这种人要耐心启发。

第七类：性格暴躁的员工

有的员工缺乏耐心，但作为领导者的我们要有耐心，不要与之争辩。本来这种类型的员工就很情绪化，如果我们还要和他们争辩，就会适得其反。

如果他们带着情绪进行面谈,我们先要处理好他们的情绪,情绪平复之后再处理其他事情。比如帮他们找原因,冷静分析事实背后的逻辑关系。同时还要记住一件事,那就是性格暴躁的员工和骄傲的员工都有一个相同的特点,那就是不会当面认错。所以我们也不要急于在面谈的现场让他们说出自己的不足,而是让他们先回去反思一下,之后再进行二次处理。也就是面谈结束后,过两天再和他们进行复盘。

以上是和不同类型的组织员工开展绩效面谈的思路,希望能对大家的工作有所帮助。

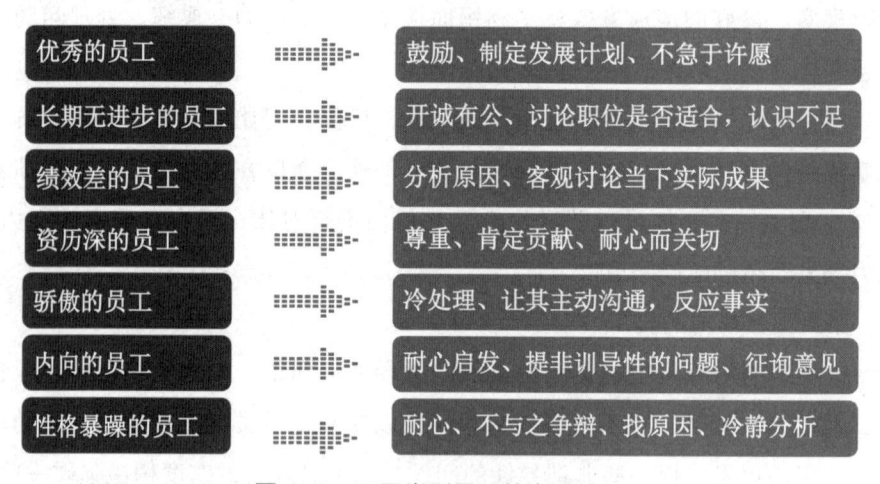

员工类型	沟通技巧
优秀的员工	鼓励、制定发展计划、不急于许愿
长期无进步的员工	开诚布公、讨论职位是否适合,认识不足
绩效差的员工	分析原因、客观讨论当下实际成果
资历深的员工	尊重、肯定贡献、耐心而关切
骄傲的员工	冷处理、让其主动沟通,反应事实
内向的员工	耐心启发、提非训导性的问题、征询意见
性格暴躁的员工	耐心、不与之争辩、找原因、冷静分析

图 4-5　不同类型员工的沟通技巧

本节作业

完成一次绩效面谈,掌握与不同类型的员工在面谈的过程中会出现的问题,同时演练一下七项原则。

第四节 绩效面谈全流程

我们在前文讲述了绩效面谈的四阶段和七原则,那么这一节将为大家把绩效面谈的整个流程梳理一遍,展开讲述并讨论绩效面谈需要经过的几个步骤,再为大家介绍两张表格。绩效面谈全流程其实就是将四个阶段和七个原则融入流程中,接下来就一起看看整个面谈过程。

绩效面谈六阶段

在讲述绩效面谈之前,我们先回顾一下这多年以来大学生群体的生活变化。我们不难发现,不同年代的大学生所处的环境不尽相同,所以,他们的学习状态也存在很大差别。同理,不同环境、不同企业文化、不同管理模式下,企业培养出的人才需求就会不一样,对于人才需求的定位也会存在差异。

随着时代的发展,物质逐渐丰富,当代企业组织中的员工精神也和曾经大不一样。那么在这种时期,企业组织要如何做才能更好地激励员工?这就涉及绩效面谈所发挥的作用了。

在进行绩效面谈之前,我们应该不打无准备之仗。每一次绩效面谈,其实是一次类似于谈判性质的谈话,只不过我们和组织员工之间是没有利益冲突的。既然是扮演谈判的角色,那么我们就需要在进行绩效谈时,将权益立场和各自的性格达到一种平衡。那么,都有哪些资料需要准备?

第一阶段:准备和绩效相关的资料

资料包括绩效承诺书、绩效行动计划完成情况、绩效考核打分表,以及即将来面谈的这位员工在部门生产过程中产生的一些其他资料等,还可以包括这些员工们的平行打分资料、上级的评价,甚至组织员工的个人档案也需要多看一看。

为什么要多看看呢?因为想要在绩效面谈的过程中和员工好好地交流,就需要与他们同流,俗话说:"同流才能交流,交流才能交心。"进入他们的世界，与他们共情、共景、共话、共鸣，才能实现共赢。如果我们不了解这些资料，那么在和组织员工进行面谈时想要打开一个话题就显得有点艰难了。

第二阶段：预估面谈结果

如果以上这些资料都准备齐全了，接下来就进入面谈过程的第二阶段。领导者通过评估员工的绩效结果，行动计划完成程度及同事和上级的评价资料，就可以清楚地知道这个员工的水平如何。

如果这个员工比较优秀，那我们大概就能猜到一些情况。如果员工的性格很强势，那我们也可以根据他们的打分等级和考评结果对绩效面谈结果做一个预判。我们甚至还可以对可能会发生的冲突提前做好一些备案，比如如果面谈谈崩了就提前安排好接下来该如何应对，或是谈得很有效果后又该怎样继续签订绩效改进计划书的步骤。所以，这其实是一个庖丁解牛的过程，企业领导者要心中有数、胸有成竹。

第三阶段：倾听员工自评

绩效面谈进行到预估面谈结果之后，就会进入开场阶段。作为企业领导者，我们要感恩组织员工，包容他们，给他们展望并认真倾听他们的自评。

在之前的绩效面谈七原则里提到过领导者应善于倾听员工，有些员工在参与绩效面谈时会提出很多观点，例如自己的工作方式或结果没有差错，或者自己做了大量的工作，虽然没功劳，却有苦劳等。我们要真诚倾听他们，认可他们对自己所获得成绩的评价，在追问事实时也要注意适度。

在这里我们要清楚一个界限，绩效面谈中需要追问的是事实，而不是原因。例如，事实是什么样的，就需要让组织员工还原事实，在什么情境下，为了什么目标，采取过什么行动，最终有什么结果，结果又是怎么产生的。甚至还有在完成工作绩效的过程中，都有谁帮助了他，他又帮助了谁，与谁沟通过，工作行动分几步骤，是否是按计划书操作，在哪里操作了，具体又是什么时间，以及以什么作为标准，等等。这些问完之后，组织员工就能够把自己全方位剖析出来。企业领导者在倾听员工的自评并这样追问时，就是只问事实，不问原因。

第四阶段：肯定员工贡献

倾听完员工的陈述与诉说之后，就需要肯定他们为企业所做出的贡献，我们可以对员工说："不错不错，你确实做得挺好的。"这其实是以感恩和欣赏的方式去打开员工的心扉。我们首先肯定了员工的付出，员工心理也会高兴，如此双方就可以形成一种场效应，这将会更有助于继续深入的交流沟通和员工后续的发展。

第五阶段：讨论相应支持

企业组织员工所面临的不足，可以从绩效考核表中的承诺书部分看到，他们要完成的任务、行动计划和要达成的目标，会与刚才的表述出现一些差异。这些差异的出现一定是因为某些步骤或过程出现了问题。为了更好地找出这些问题的出处，这时就需要一个工具表格的帮助。我在之前的章节中讲述过 SMART 原则，我们可以把组织员工所面临的情况引导着朝 SMART 原则上聚拢。可以讨论具体的相关点是什么，员工当时对这个部分是怎么衡量的，这个目标最初为什么会被定义为不可达成或可达成呢？

讨论这部分时还可以加入一些原因的引导，这样员工就会给出关于当时的目标实现是怎么设计的答案。只要员工都能按照这种思维方式去思考，企业就会逐渐将讨论的内容慢慢地聚焦到改进计划中去了。

第六阶段：制定下轮计划

企业领导者要把在绩效面谈中组织员工所讲的差距、具体的原因、具体的步骤、具体的相关性等写入下轮计划中。

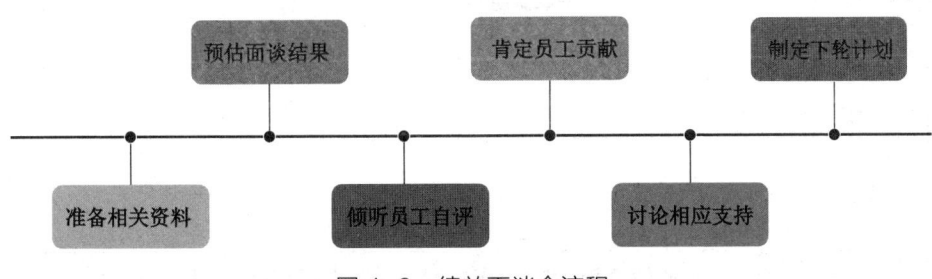

图 4-6　绩效面谈全流程

绩效改进面谈计划表与绩效改进沟通表

当绩效面谈结束后，领导者该用什么文件来承载面谈过程中的内容？我给大家分享两张工具表格——一个是绩效改进面谈计划表，一个是绩效改进沟通表。这两个表格的名称不一样，但其实功用是差不多的。

首先，第一张表是绩效改进面谈计划表。这个表格可以帮助领导者在面谈的过程中知晓员工的资料，倾听员工表达促进绩效的思维想法，甚至还会记录每位组织员工的行动计划措施和改进计划措施。记录这些之后就能如实地进行整个沟通过程，这样的面谈过程可以积累下来很多内容。

在面谈结束后，就需要绩效改进沟通表，这张表要呈现给员工的是绩效面谈过程中对他们整个信息的采集。最后还要整体看一下这些是否符合企业组织员工的实际情况，如果员工们都觉得合适，接下来就需要继续讨论下一步怎么去进行了。

和组织员工们讨论结束后，按照SMART原则把讨论的内容进行具体化，再请双方签字并报告上级组织或领导去审批。如果审批结果是同意，那在下一个周期考核时，这个环节就将加入组织员工们的考核内容中。这个过程就是绩效改进面谈表的内容。

表4-6 绩效改进面谈计划表

被考核人姓名		被考核人岗位		绩效周期	____年__月至__月
直接上级		所在部门		填表日期	____年__月__日
一、本期考核成绩回顾					
做得比较好的方面（指体现影响员工绩效的行为、方法、动机等方面）	考核成绩：_____ 考核对应等级：_____				
需要改进的地方（指体现影响员工绩效的行为、方法、动机等方面）					
二、下期绩效改进计划（选择1-2项重点改进的方向/领域）					
需重点改进的方向/领域1					

续表

具体行动计划/改进办法 （需体现落实期限）					
需重点改进的方向/领域2					
具体行动计划/改进办法 （需体现落实期限）					
被考核者 签名/日期		直接上级 签名/日期		部门经理 签名/日期	
备注	需报备人力资源部； 绩效改进计划要有明确的针对性，要针对需改进的绩效领域； 绩效改进计划内容具体、清晰，有可操作性，且上下级达成一致； 绩效改进计划要有明确的完成时间、预期结果。				

绩效改进沟通表可能会比面谈计划表的功用少了一点，也相对粗放一点。所以，一般企业都会选择使用绩效改进面谈计划表。

对于绩效改进沟通表的内容，简单而言就是工作任务是什么、工作评估是什么、改进措施是什么。这些问题在沟通表中没有划分得很清晰明了，但是两个表格的内容结构和骨架是一样的。

也就是说，两种表格都可以采用，但如果需要面谈的对象是问题员工，那么建议还是用绩效改进面谈计划表，因为优秀员工和问题员工在使用沟通记录表可能会存在一点差异。毕竟当领导者在绩效面谈时拿着计划表给优秀的员工使用，并告知其还需要填写改进面谈表时，员工会觉得有些不舒服。

沟通类型的表格，其实就是对于优秀员工、称职员工、合格员工进行的分析。当他们看到这张表时，或许没有抵触的情绪，但是面谈过程中会让他们发现自己需要改进的地方。如果这些优秀的员工也有待改进的地方，那在沟通后就把这部分记录下来，然后填进表格里，最后让被考核人员签字就可以了。如此操作后，这部分内容将会融入下一轮的绩效考核中。

表 4-7　绩效改进沟通表

谈话日期：＿＿＿＿年＿＿月＿＿日					
员工姓名		部门		员工职位	
考核人姓名				考核人职位	
确认工作目标和任务：（讨论目标计划完成情况及效果，目标实现与否；双方阐述部门目标与个人目标，并使两者相一致；提出工作建议和意见）					
工作评估：（对工作进展情况与工作态度、工作方法作出评估，什么做得好、什么尚需改进；讨论工作现状及存在的问题）					
改进措施：（讨论工作优缺点；在此基础上提出改进措施、解决办法及个人发展建议）					
补充： 考核人签字：＿＿＿＿员工签名：＿＿＿＿					
注：（1）在进行绩效管理沟通时由主管填写，注意填写内容的真实性。 （2）该表与评估结果共同交至人力资源部门，考核人与员工每人持有一份。 （3）谈话内容可参见文件中的"沟通内容建议"。 （4）具体内容可根据实际情况适当增删，不必完全拘泥于本文建议的内容与格式。					

ORID 聚焦式会谈法

最后再介绍一种可以在绩效面谈过程中使用的工具，那就是 ORID 聚焦式会谈法。

在讲述绩效面谈全流程中，我们提到一个步骤就是：只问事实。因为事实发生是客观的，事实发生之后，面谈者的角度看到的是员工们讲述的事实，而不是身临其境地感受员工的情感。所以这只是换取当事人对事实数据的体验，从而理解某个最终的决定。

举例来讲，有些人可能小时候有过被狗咬的经历，他们从那以后就开始怕狗，在长大之后还会继续害怕。如果有一天刚下班走到公司门口就发现那里蹲了一只漂亮的大黄狗，此时面对这个外部现实，你的内心会唤起什么样的体验？大概会想起自己小时候被咬的悲惨经历吧。这时候，你就会清楚地知道不能从公司正门走，于是最终决定从公司的后门离开。

但如果你是爱狗人士，下班时走到公司门口，发现那里蹲着一条漂亮的大黄狗，你可能会想过去摸一摸。如果你是没被狗咬过但不是特别喜欢狗的人，你的态度和决定可能就是漠不关心地从正门离开而已。

所以不难发现，世间所有事情发生以后，我们每一个人对数据的处理完全来自自己内心的体验及对过去的认知。所以这时就可以使用ORID聚焦式会谈法，来挖掘企业面谈者出现各类问题现象和事实背后的原因。比如，看到的现象是工作没完成，但背后的原因可能是天气不好或市场人流量下降等。这是企业领导者对员工们事实背后原因的理解。

ORID聚焦式会谈法中的唤起体验部分，就是领导者唤起员工们过去隐藏的情感想象和事实联想，然后挖掘并理解其中的意义，最终进行一个决策。假如每个人的思维都是这样，那在面谈的过程中就一定要向被面谈者问清事实，再问过去有没有相关的体验，以及为什么是这样，当时感受是什么，最终又是怎么决定的。

通过这四步，企业组织的领导者就可以深挖员工们在绩效不达标或者绩效偏差的原因。用一句话来界定就是：人类对于外界事物是选择性处理的。如果体验好，联想内容和事实相关度高时，他们对事件理解的意义就可能是正向的，也可能是负向的，这两者间的关键点在于哪方更强，这会最终左右员工自己的决定。

所以，在发生某件事实之后，我们需要帮助员工回顾这种体验，然后帮助他们理解，并在知晓他们的决定后，把体验的内容与他们进行分享。

我们知道，事物都是多面性的，我们可以从自己的角度讲述事实，挖掘出原因，从而影响或者改变组织员工对原来事物的认知。这就是由ORID聚焦式会谈的内在逻辑和数据体验与理解决定的。

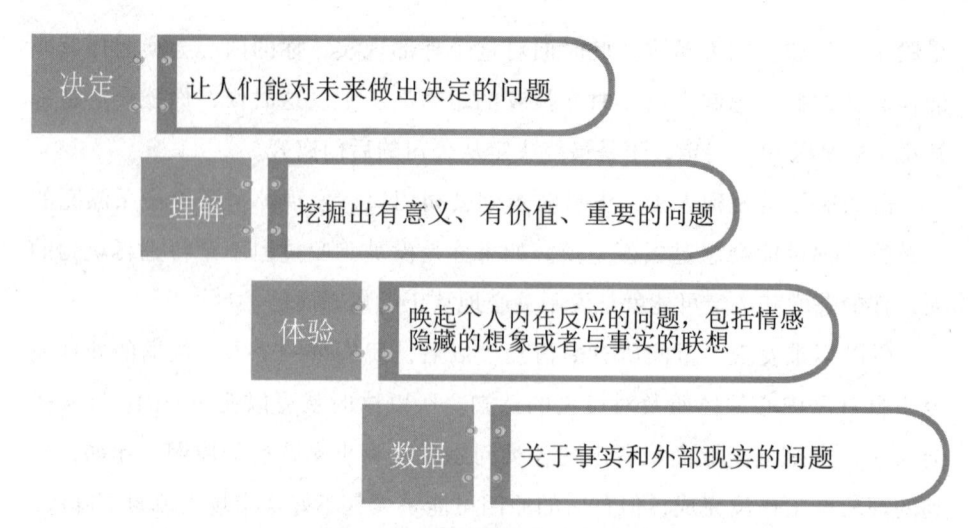

决定　让人们能对未来做出决定的问题

理解　挖掘出有意义、有价值、重要的问题

体验　唤起个人内在反应的问题，包括情感隐藏的想象或者与事实的联想

数据　关于事实和外部现实的问题

图 4-7　ORID 聚焦式会谈法

当然工具都是好工具，对于如何使用，那就仁者见仁，智者见智了。我们在学习完本节后就可以结合一次绩效面谈的过程把这个工具尝试使用一下。

本节作业

掌握 ORID 聚焦式会谈技巧，解决问题是解决企业辅导流程不规范的问题。

第五章

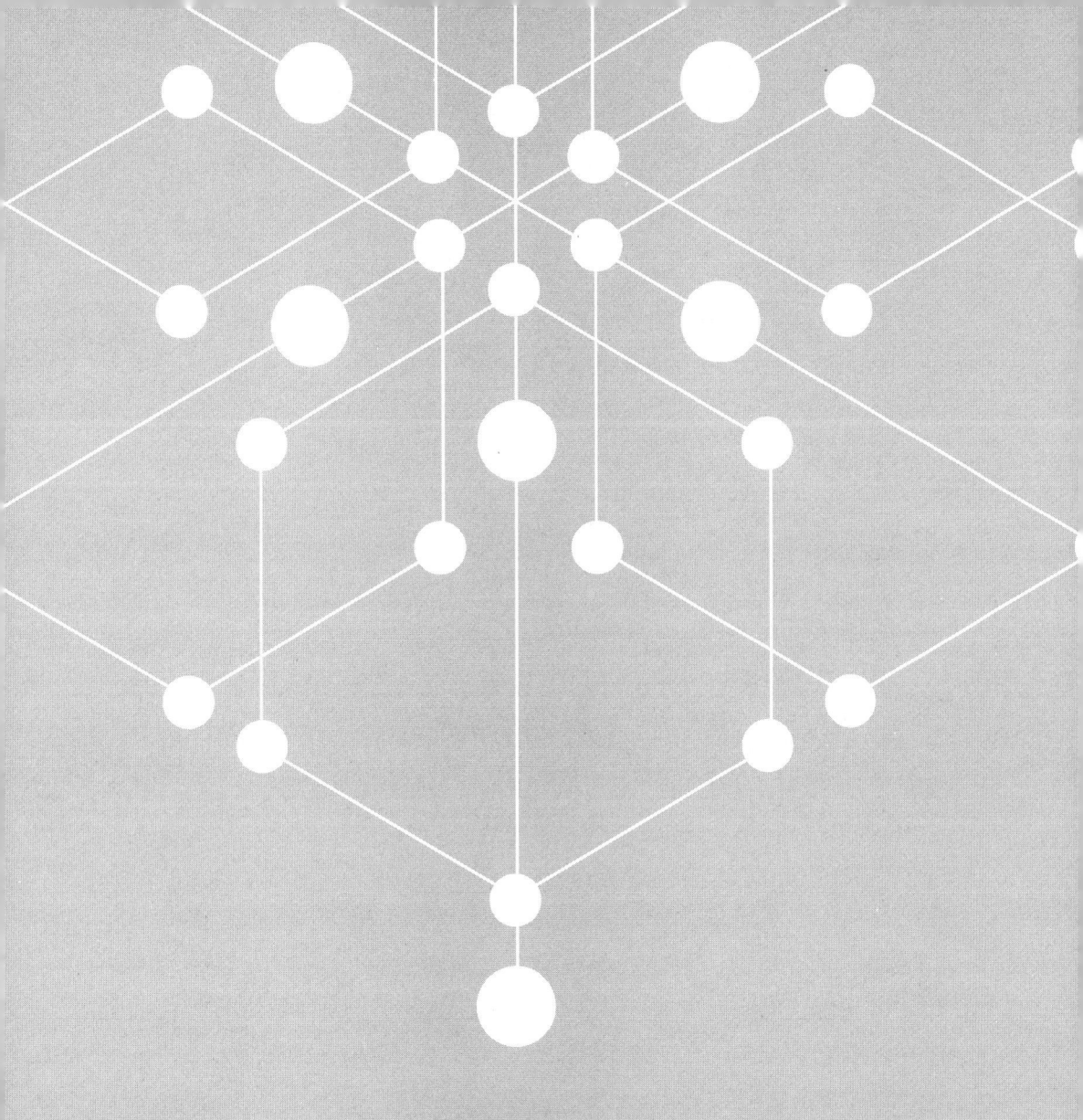

辅导跟进，变奖惩为赋能

第一节　员工绩效改进面谈评价流程

到这个部分，其实就进入绩效管理的后期了，在经过宏观的感性体系过渡、理性操作后，我们逐渐进行到了绩效管理的反馈阶段。

在辅导跟进反馈的这部分内容中，我们讲的第一个内容就是问题员工的处理，第二个内容是绩效体系的评价、技术和方法，第三个内容是处理争议的一些技巧，比如劳动争议。

问题员工辅导九步法——改进面谈评价流程

当代职场年轻人往往都处于"八缺八不缺"的工作生活状态中。什么是八缺八不缺呢？简单来讲就是不缺学历缺阅历；不缺思想缺感情；不缺干劲缺韧劲；不缺知识缺文化；不缺想法缺办法；不缺活力缺定力；不缺能力缺魅力；不缺情感缺情怀。对于已经拥有的自然就需要继续保持，那缺少的又该怎么去补足呢？我们知道，知己知彼才能更好地实现同流，这又该如何达成呢？

其实，职场信任有时很像绩效周期性结束之后的那些绩效未达标的员工。而对于这一类的员工，尤其是绩效排在末位的员工，为了个人和企业将来更好的发展，组织就需要对他们进行绩效改进辅导，针对他们各自的问题进行剖析和优化，尽量做到惩前毖后。

问题员工的绩效改进评价流程，在起始部分和绩效面谈流程一样，都有一个准备的阶段。为什么需要准备？这是一次针对问题员工的面谈，所以前期的准备就更应该详细。在确定谈话时间后需要提前通知员工，并且选择不受干扰的谈话时间和地点。

如果准备谈话的领导很忙碌，办公室人也很多，那这个时间就不要再约问题员工进行改进面谈。因为改进面谈中所谈到的话题，可能会涉及员工本人的隐私问题或绩效不佳的状态。在这种有很多外界干扰条件情况下面谈，员工就会有些被动。

收集资料的阶段需要提前准备好绩效资料的提纲。提前准备提纲不仅仅只为了确定面谈内容，也是预防期间受到打扰或者遭遇一些情绪化的状况时不至于哑口无言，更是为了确保绩效改进面谈完整且顺利地进行，所以需要提前准备好提纲。

那么，在进行面谈之前，除了领导者需要做一些准备，被通知待改进的员工又应该准备什么呢？他们需要做好回顾和自我评估工作，同时准备一些问题。比如，这次绩效目标没达成是有哪些困难，需要哪些支持等。

在一切准备工作都完成之后，接下来的步骤就是营造开场的融洽面谈氛围。虽然被面谈的对象是绩效待改进的员工，但面谈者还是需要创造和寻求舒适的、开放的气氛，感恩员工，包容他，给他展望。只有在面谈过程中使员工心情放松，双方才可以保持最佳的交流状态，才能谈到问题的本质。

对于座位，双方最好是呈90度坐，因为绩效改进面谈中要谈的话题是比较艰涩的，被面谈者的绩效是比较落后的。如果领导者和员工面对面的话，他就想作弊或是做一些情绪的调整行为，这都将在领导的面前暴露无遗，员工会很纠结、很紧张。所以建议双方呈90度而坐，员工抬眼望去看到的是另外一个角度，他会觉得面谈者好像没关注他，他们的心里也会好受许多，但实际上我们还是可以看到的。同时，座位的距离不要太远，也不要太近，太近会给人压力感，太远又容易听不清楚员工说了什么内容。因为有些员工在说到关键内容的时候，声音就会降低，这时面谈者不好再问一遍以确保自己听清楚，这样就可能会陷入尴尬的境地。

绩效改进面谈的第三步是员工自评。被面谈的员工需要简要汇报评估周期工作的完成情况和能力素质的提高情况，并对自己评估的分数和依据进行说明。在员工汇报的过程中，面谈者要注意倾听，对不清楚之处及时发问，但不做任何评价。同时，领导者还要关注员工汇报时的肢体语言，毕竟书面汇报的内容不一定是真实的。如果被面谈者所写的汇报内容有虚假，那他在汇报这个部分时，可能会出现的一些肢体的特定动作行为会出卖真实的心理。

第四个步骤是上级评价。因为参与面谈的是待改进员工，所以不能像之前和其他员工进行面谈时那样，领导者需要指出员工的问题点。当我们对员工进行全面评价（包括业绩评价和能力评价）时，就需要注意根据事先设定的目标衡量标准进行评价。在评价员工的成绩和不足方面，注意呈现事实依据，同时还要先肯定被面谈员工的成绩，再讨论不足之处。我们在之前的章节讲目标分解和承诺时，提出和归类过一些目标标准，这时就可以从当时填好的表单里把这些部分提取出来，以便给员工进行准确的评价。

步骤一	步骤二	步骤三	步骤四
面谈前的准备	开场——营造融洽的面谈氛围	员工自评	上级评价
管理者应做的准备： a.确定谈话时间，提前通知； b.选择不受干扰的谈话地点； c.收集绩效资料，准备提纲。 **员工应做的准备：** a.回顾及自我评估 b.准备问题（困难或支持）	面谈者需要创造和寻求舒适的、开放的气氛，使被面谈者心情放松，保障自由轻松的交流。双方最好呈90度直角，距离不要太远	简要汇报评估周期的工作完成情况和能力素质提高情况，并对自己评估的分数和依据进行说明。注意：上级要注意倾听，对不清楚之处及时发问，但不做任何评价	包括业绩评价和能力评价。注意：根据事先设定的目标衡量标准进行评价；成绩和不足方面要呈现事实依据；先肯定成绩再说不足

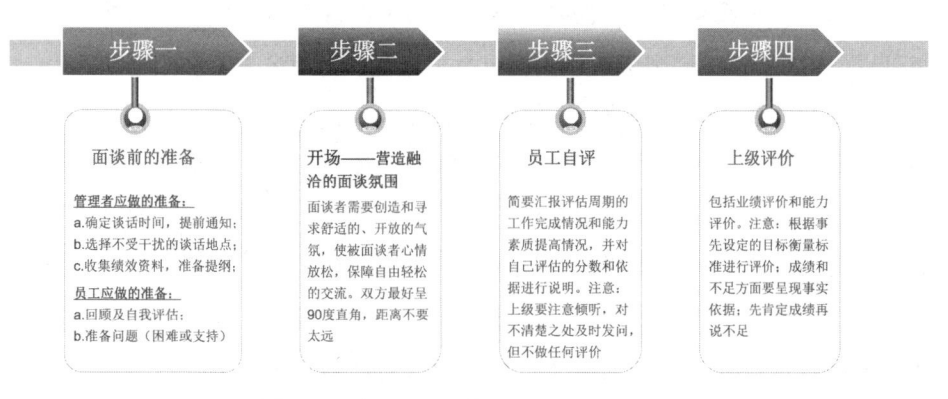

图 5-1 问题员工绩效改面谈前四步骤

随着话题内容的展开，双方就将进入改进面谈流程的第五步：讨论绩效表现。在这一步中，待改进的员工和面谈者需要一起探讨问题产生的原因，并记录员工的不同意见，后期及时反馈。可以先从有共识的地方开始谈起，双方不要形成对峙的局面，面谈者还需要关注绩效标准及相关绩效事实。

在讨论绩效表现时，可以使用的工具表单依然是绩效改进面谈表。在面谈时，领导者需要关注员工的绩效标准和相关绩效事实，不以个人的好恶去判断。有时因为领导者个人内心的不满而在面谈中带入个人情绪，往往会导致面谈评估有失偏颇，所以这种情况是要不得的。

我们在前面的章节里讲到过一个话题：员工只有特点，没有缺点。一个成熟的管理者在看自己企业中的员工时，永远去看他们各自的特点，企业使用的也是每个人的人力资本特点。一个员工只要合法合规、合情合理，不做违法乱纪的事，那就是一个好员工，只是有时候他们自身的特点没发挥出来而已。

这个部分谈完之后，就需要让员工认识到绩效改进的内容，也就是进行面谈的第六步：制定改进计划。面谈者需要帮助下属提出具体的绩效改进措施，并形成绩效改进计划表。完成计划表并给到被面谈员工时，如果他有意愿改变，那么接下来就可以开始面谈的第七步：重申下阶段考评内容和目标。这个步骤需要做的是和待改进员工确认下阶段的工作目标、阶段成果及目标达成时限。同时面谈者自己也要注意目标的可衡量性和可行性，当然这个工作可以使用 SMART 原则来帮助我们对目标进行再次衡量。

如果面谈进行到这一部分，就可以进行第八步，即和员工讨论其所需要的资源和支持。待改进员工可以谈自己的职业规划或培训需求，领导者要给予相应的建议。此时要注意的是，不给予员工不切实际的承诺，而且承诺的事情事后一定要兑现。比如，领导者比较详细地告知面谈员工企业这个月的目标和改进计划，并且提出了一些建议。可是如果员工认为不切实际，那领导者就可以帮员工回过头重温他的承诺和行动计划，让员工心甘情愿承诺并履行。

最后一步就是在面谈双方达成一致后，双方进行评估结果及谈话记录签字确认，这样整个绩效改进面谈的流程就结束并形成了一个完美的闭环。这就是问题员工访谈的九步骤。

步骤五	步骤六	步骤七	步骤八	步骤九
讨论绩效表现	制定改进计划	重申下阶段考评内容和目标	讨论需要的支持和资源	评估结果及谈话记录签字确认
探讨问题产生的原因；记录员工不同意见并及时反馈。注意：从有共识的地方开始谈起，注意不要形成对峙的局面；关注绩效标准及相关绩效事实	帮助下属提出具体的绩效改进措施，并形成绩效改进计划表	确认下阶段的工作目标，阶段成果，目标达成时限。注意：注意目标的可衡量性和可行性	员工谈自己的职业规划或培训需求，管理者给予建议；注意：不要给予不切实际的承诺；承诺的事情后一定要兑现	整理考核评估表、面谈记录并由双方签字确认。结束时，给员工鼓励并表达谢意

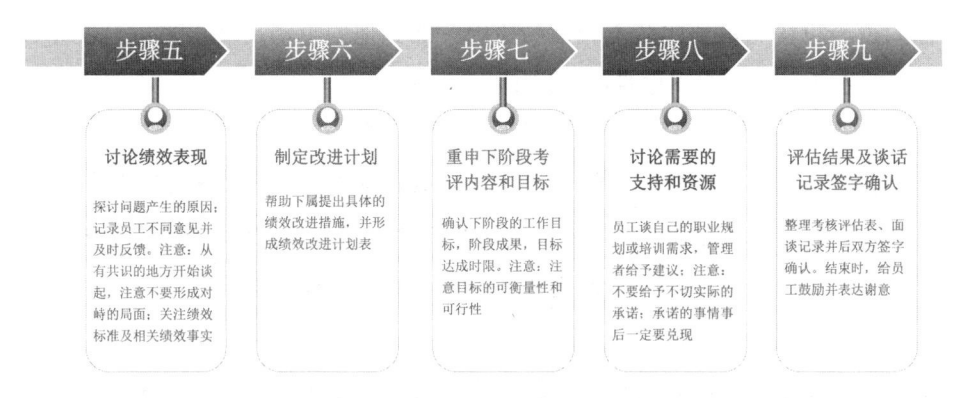

图 5-2　问题员工绩效改面谈后五步骤

特殊情况下的绩效改进面谈

以上是绩效改进面谈流程的常规九步，当然在面谈过程中还会出现一些特殊的情况，比如员工不接受绩效结果。为了更好地解决这些特例我们再来看几个案例。

案例一：员工的工作交付不错，但在工作中喜欢挑活，情绪不稳定，团队协作时常常令其他人不愉快，甚至不顺畅，针对此类员工，该如何进行绩效评价及反馈沟通？

对于这一类人而言，他们一般还认识不到自己在团队和工作中出现了问题，所以和他们面谈的过程也算作一个特殊的问题情况。比较好的应对方式就是让这类员工先说。也就是在上述九步骤中加一个环节——让他先说。因为这类员工情绪不稳定，那首先需要注意的就是不能给予他们刺激，也不能去和他们对峙。

面谈者要尽量感恩他们、包容他们，给他们展望，然后让他们自己发现在工作中的问题根源。面谈者只需要帮他们回顾整个过程就可以了。其实这类交付不错的员工能力一定是不错的，所以当领导者引导他们去分析问题时，他们也会很快意识到团队不和谐的原因，等到他们主动反馈出来后，领导者就可以在改进表上写下中肯的建议了。

案例二：绩效比较低的员工其实就是彻底的问题员工，工作业绩达成一般，这类员工如果出现对考核结果不认同，在反馈时一味强调外部因素，但善于交际，团队内部评价较好，针对此类员工，该如何有效处理与沟通？

这类员工一般都会很纠结，他们认为自己遭遇了公司的不公平待遇。这时候就需要领导者摆事实，讲道理，最好能举例这份工作的平均绩效水平是什么样的，其他员工是怎么完成的，这类员工又是怎么完成的。每个环节流程，比如计划阶段、实施阶段、检查阶段是怎么做的评分，每一个指标又是以什么为标准的。事实胜于雄辩，其实就是需要让此类员工看到差距。

案例三：员工认为团队成员普遍反映自己表现不错，所以他们对自身的期待过高，但实际评价结果与个人期望不一致，针对此类员工，该如何进行绩效反馈和辅导？

这类员工往往都很骄傲，他们认为自己很厉害。那么在绩效改进面谈中就需要用事实证明，他们并没有自己想象中那么优秀。较好的处理方式是冷处理一段时间，不能急于和他们进行面谈，而是需要让其自己在团队中感悟。因为这类员工虽然认为自己期望很高，但在团队绩效结果一出来，发现自己和别人之间产生了一定差距后，他们是会进行反思的。毕竟对这类型的员工而言，这样的差距对他们的冲击其实比别人大得多。

所以，处理这样的问题员工，最合适的方法就是把他们安排在最后面谈。原因很简单，这是一种心理战术。其他员工都进行了面谈但就不找他们谈，哪怕最后就只剩一个人了，也要先暂停两天再和他约面谈。在等待的过程中，他们可能就会产生紧张感，可能会找其他员工打听。他们在向其他员工询问完之后，就会知道自己的情况了，这样再进入面谈环节，问题就不大了。所以冷处理这一招，有时候还是很实用的工具。

案例四：员工具有较强的执行力，领导安排的工作都能完成，遇到困难时也能加班加点熬夜等，结果产出都在正常预期内，很难有独特创新或超预期产出，针对此类员工，该如何进行绩效评价与结果反馈沟通？

这类问题员工就像老黄牛似的任劳任怨，如果将他们作为人力资本盘点之后，就会发现他们其实已经没有潜力提升了。既然如此，那就不要再为难他们了，只需认可他们的辛苦，赞同他们的努力。但是依旧要给他们提供一些或许可行的方法改进效率，能增加多少，就增加多少，因为他们的潜质已经无法提升，能量就那么大了，但这才是踏踏实实、扎扎实实做事情的员工。

所以对于这类员工，领导者还是需要多关爱他们，不要给他们施加那么大压力，安排常规工作就很好。我们还是要肯定这类员工的业绩，肯定他们对企业组织和项目的贡献。同时也教给他们一些方法，尽量减少他们的压力，让他们可以把基础工作做好。

绩效改进面谈中管理者的疑问

讲述完对待特殊问题员工的方式，接下来我们一起看看如何解决管理者在绩效面谈中困惑。

案例一：员工能力一般，但由于管理者起初设定的年度工作目标简单，员工总能超额完成目标，所以年度评价为优秀，这种评价结果是否合理，为什么？

其实这个不用多说就知道是不合理的，因为即使员工完成了年初设定的目标，也不一定能证明他是优秀的。但是值得强调的是，如果企业组织的绩效体系最初是这样定的目标，那达到目标的员工就应该被评为优秀。毕竟员工不仅完成了，而且还是超额完成的，所以只能说企业领导在制定目标的时候没把握好预期，没有了解清楚市场。一定不能因为目标简单，就不给员工承诺的奖励和报酬。

案例二：组织绩效不错，团队成员都很努力，结果产出也很好，但管理者无法评出 A/B 和 C/D，特别是 C/D，该运用什么方法进行评估并对 C/D 员工进行绩效反馈？

这个问题其实也可以让组织团队中的成员一起完成，大家一起讨论每个成员及组织中的岗位职责怎么定、岗位价值参照什么标准、人力资本潜质又是怎样的三个问题。如果这三个问题解决了，那么 C/D 的评价标准自然也就出来了。

案例三：在业务发展快速、人员紧缺的情况，出于维稳考虑，考评中是否需要评出 C/D？如需要，该如何评出？

在这种情况下，一定要和问题员工进行绩效改进面谈。如果不让问题员工成长，那其实就等于"毁"人不倦。管理者可以采用多次面谈惩前毖后的方式。如果人员紧缺，管理者在进行面谈的过程中将重点放在员工成长上，不提及奖惩或者是调动。如果是人员充沛的情况，那就可以考虑员工的调动。当然，人员紧缺时，也还是要耐心指出问题员工的欠缺之处。"成绩不说跑不了，问题不说不得了"，如果因为人员紧缺就不敢指出问题所在，这是不利于员工未来成长的。企业的管理者都是为员工的未来发展着想，所以他们大都是能够理解的。总之，在这样的情况下还是要进行绩效改进面谈的，睁一只眼闭一只眼得过且过是最不可取的。

案例四：管理者年初没有给下属设定清晰的年度目标，并且在过程中时常调整，却没有及时反馈与辅导，年终评价时该如何进行评价和绩效反馈？

在这种情况下,企业绩效如果出现了问题,就不要怪员工了。这就是在之前章节中所讲述的目标愿景和计划部分,是管理者没做好,没跟团队一起互动。所以这个问题就很难谈了,因为只有扎扎实实地从梦想出发,按序做好整个流程并及时反馈沟通,才能让员工知道,才能与问题员工面谈。否则目标都不是年初的目标了,还有什么好面谈的呢?

案例五:公司因调整战略,团队人员的付出无法得到落地式成果。也就是说,以结果导向来看,员工并没有实际产出,此时该如何评价绩效?管理者针对绩效反馈的过程,员工提出不认可,并质疑评估的合理性时,又该怎样往下沟通?

针对这种情况,我们要分析公司的项目发展是不是整个战略方向的阶段性结果?如果是,就需要定义出阶段性的结果,并以此来评价绩效;这样下属就没有什么能质疑的了。关键是有时企业的战略忽然调整,有的项目进行到一半就停下搁置了,这种情况就是行动计划缓于结构战略变化,最终导致的结果就是员工使劲儿向前进,但半路回头一看行进方向错了,这时下属不认可反馈就是正常的。

此时,企业领导就需要找到员工努力的方向和组织方向的节点,然后把一个项目拆成很多节点,每个阶段的节点单独讨论,再给员工解释战略变化之后,他们工作项目的节点进行了多少,因为后续没有付出劳动,所以就不能算绩效。由于调整是组织造成的,所以在调整之后要及时安排员工介入其他项目或者其他方向的工作。

案例六:有的老师课上讲到,淘汰的员工也是为社会输出人才,但是一般情况下,企业并不看好或者录用被其他企业淘汰的员工,这个在绩效沟通中如何解决和应对?

其实企业并不是把员工淘汰,而是给员工找了一个出路,也许员工离开了这家企业会更好。但一般情况下，企业并不看好或者录用那些被淘汰的员工。所以在这绩效沟通中该如何解决确定是一个大难题。

比如，某位员工实在没有办法在自己的公司待下去了，因为他的绩效连续几次都很差，那么他将要面对的可能是公司的劝退或者终止合同。此时，如何让这位员工不带着怨气离开，这就是领导者需认真对待的问题了。

其实，人各有长处，有一部电影叫作《在云端》，讲的就是一个公司裁员专家飞来飞去为各地公司解决麻烦的故事。裁员也是可以做到化危为机，和谐处理劳动关系的。只要抓到每一个员工内心的兴趣点和成就点，重塑他的信心，让他知道离开这家公司也可以找到一个更适合的平台发挥价值。企业领导者甚至还可以帮将要淘汰的员工规划一下未来的发展方向和工作方向。

有时候，说话要讲究艺术，员工不适合工作是能力的问题，工作不适合员工则是匹配的问题，这是不一样的概念。总之，惩前毖后，人才输出的概念在于让员工能够在更适合的平台发展。如果这个平台是组织内部的，那就最好了；如果不是，就只能是外部的其他平台，但这可能会给员工带来一定的伤害。因为员工往往对曾经工作过的企业还有一定情感，这时就需要去引导他一下。可以进行长期的面谈沟通，至于后期会不会再次进行沟通，就取决于双方是否有时间和意愿了。

最后，在这一节还有一个小工具——BEST原理。比如，在和问题员工进行面谈的时候一定要描述行为、表达后果、征询员工的意见，最后着眼于未来。这四句话很简要地说明了如果企业领导者能善于描述行为，表达绩效阐述的结果，征询员工的意见，并在员工的内在兴趣点或成长点让其关注未来，看到未来有更大的价值投资回报，员工一定会愿意转变和改变的。

B ▸ E ▸ S ▸ T

描述行为　　表达后果　　征求意见　　着眼未来

图 5-3　BEST 原理

本节作业

组织一次问题员工的绩效改进面谈实战,解决问题是绩效面谈。

第二节　绩效评估的原则

在梳理并学习完绩效面谈的流程与方式技巧之后,接下来我们就将进入绩效评估的内容了,我们一起来探讨绩效评估的内容与原则都包括哪些部分。

绩效评估三原则

大家一定都听过盲人摸象的故事。这则寓言告诉我们,在面对问题的时候应该进行全面思考,不能过于片面。绩效评估时也是一样的,每个人都站在自己的立场、权益、认知角度思考绩效管理,所以得出来结论也不一样,这就会导致对待绩效的态度也不一样。

这时就需要一个标准原则,来帮助企业管理者更好地进行绩效评估工作。绩效评估通常包括全面绩效原则、个人贡献原则和层级贡献原则三部分。

全面绩效原则是指:公司目标与指标、部门目标与指标、岗位目标与指标的设定、分解、执行的全过程管理。绩效前期目标分解的四维目标需要做一个全面评价。个人贡献原则是指:个人的人力资本在绩效运作过程中产生的价值,包括组织成员的知识技能、体能及思想等。层级贡献原则是指:各级组织在运作过程中协作产出的效果及贡献的原则。不管是哪一级评估,都需要遵循一定的绩效评估改进中的基本原则。

无论是组织评估、个人评估还是层级评估,领导在进行评估的过程中都可以参考以下三个询问方式。

1. 多问"是什么",少问"为什么"

企业评估时需要问的第一个问题就是绩效发生时的事实是什么。将事实摆出后,原因自然就清晰了。毕竟如果企业成员之间总问"为什么",评估可能慢慢就会演变成相互指责的过程。另外,在层级组织结构之间,如果部门总在相互询问"为什么",就可能会造成相互推责的后果。

2. 多问开放式问题,少问封闭式问题

在绩效进行的过程中,多问组织成员发生了什么,而不是询问是谁的责任。多问开放式问题,可以使领导者在评估过程中帮助组织成员形成合力。

3. 多问未来,少问过去

过去的事情已经发生了,这时如果再去追责,就需要知道问题出在哪里。但其实这些问题都可以通过绩效考核结果凸显出来,所以就没必要一直耿耿于怀。

所以,其实在整个评估过程中,需要做的就是点燃组织成员整体的渴望,即对问题的渴望度,对梦想达成的渴求度。同时,在评估的过程中再加上员工改进过程的行动步骤,企业及其员工就可能会得到改变的动力。

但如果企业领导者总是在问"为什么",还总问一些封闭式问题,并对过去的事情耿于怀耿,那就很难看清一些事实的本源,也很难看到组织成员们对问题的认知,甚至难以让大家形成共识,并对未来抱有期望。

绩效改进辅导中遵循基本原则如图5-4所示。既然我们已经知道了原则是什么,那接下来又该如何去做呢?其实教练技术就是一个可以使用的很好的工具。但无论是哪一级的评估,企业领导者都应该从教练技术的以下几个角度去进行:

第一步是激发。当一个企业组织评估员工绩效达成度时,在面谈结束之后,还需要激发员工的一些想法、动力。比如员工到底想要什么、如何做到这种程度、这种程度离企业的目标差距有多少、如何知道自己已经达成目标,以及为什么这个结果对员工而言重要等。

第五章 辅导跟进，变奖惩为赋能

图 5-4　绩效改进辅导中遵循的基本原则

（1）多问"是什么"少问"为什么"
（2）多问开放式问题 少问封闭式问题
（3）多问未来 少问过去

教练技术的循环其实恰好告诉了企业，如何在评估个人贡献、组织、成绩中形成多样的探索角度。同时，这些探索角度还可以被不断细化，细化到四个计划步骤的问题——在个人贡献中想要的是什么？为什么这么重要，如何确保能够实现？未来如何更进一步，并需要为此承诺什么？以及如何知道已经达成了，又该如何获得内容或报酬？而这些步骤问题的内容，又恰好变成组织员工内驱的动力了。

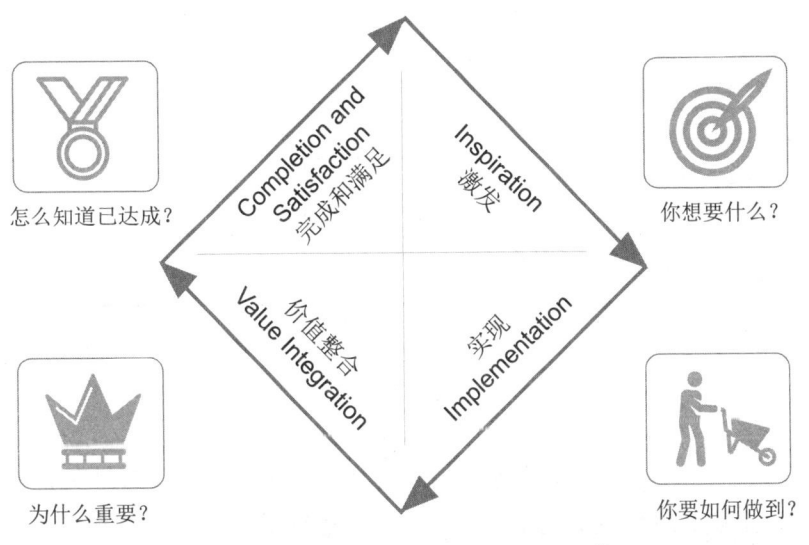

图 5-5　教练 - 四象限 - 改进探索[①]

- Completion and Satisfaction 完成和满足：怎么知道已达成？
- Inspiration 激发：你想要什么？
- Value Integration 价值整合：为什么重要？
- Implementation 实现：你要如何做到？

[①] 摘自《教练技术：教练学演变全鉴》，[美]维吉·布洛克著，梁立邦译，北京联合出版公司，2016年10月出版。

对于成果导向教练的几个问题和步骤，企业将它细化后，其实就变成通过导向的计划问题了。无论是全面绩效评估、个人评估和层级评估，其实都是在探究四个问题：组织、个人及层级想要什么；要如何做到；为什么重要；怎么知道已达成。甚至还会考虑达成目标后下一步未来的计划是什么，SMART 原则又是什么样子，以及第一步的第一步是如何开展的。

所以，企业在进行绩效评估过程中一定要追溯第一步的第一步。不难发现，在企业中，组织管理者总是关注一些发展方向，却往往忽略了探寻第一步的第一步该怎么去做。

为了让其能变成实际的内容，本节提供一张表，表 5-1 可以清晰地解决绩效评估过程中的问题。这张表一共由六个问题组成，让我们来看看这些问题都是什么，怎样运用表格才能更好地解决评估绩效推进的问题。

表 5-1 绩效过程评价表

	1 分 极差	2 分 较差	3 分 尚可	4 分 较好	5 分 极好
1. 成果：成果是否符合目标？					
2. 创新：有哪些超越以往？					
3. 差距：有哪些低于目标？					
4. 原因：功过由哪些原因造成？					
5. 责任：哪些人对此负责？					
6. 对策：下一步目标计划？					

在项目对应等级划○即可。总分：

汇报人＿＿＿＿　评价人＿＿＿＿

1. 成果

在成果这个维度，企业需要评估成果是否符合目标，也就是在全面绩效评估时，企业和组织成员提出的目标体系、思维平衡目标（背景下）产生的一系列场景或愿景所带来的美好未来。在第一部分讲述梦想链接梦想的时候，我们曾提到过这个话题，企业将目标背后的愿景描绘得越细致，它就越可能成为成果。这些成果，也就是目标实现之后产生的关键成果，是否符合当时的既定目标呢？如果符合，接下来就可以根据这个情况进行优、良、中、差的打分了。

2. 创新

创新是评估企业组织成员在执行过程中是否有超越。因为企业定目标计划的时候往往是整个团队共创的，创新点是组织成员在自己个性化运作的时候所爆发的。毕竟绩效承诺书一旦签订，责任就分担到岗位的个人了，而这时员工们在执行过程中，因各种原因，可能就会出现一些超越或者滞后的情况。所以，如果有创新，就需要注意哪些部分是因为自己努力之后创新的，这样一来在填表给分时，就需要把维度提高一点。

3. 差距

这个过程有哪些差距存在，又为什么会产生这些差距呢？企业组织成员在执行过程中制定的行动计划有时间、地点、人物、事件，还有当时写下的为什么、怎么做，以及工作方式和工作内容。这些记录中，哪些部分是已经做到位，但实现的目标还低于当时定的目标？对于这个问题的解答是主观的还是客观的？企业组织要把它解释清楚，就需要注意——主观问题不放过。毕竟客观原因是客观存在的，但主观原因是可以分析并且有改变余地的。如果连主观原因都不分析，那就是有问题的了。

4. 原因

对于原因这个问题，其实很难回答。组织层面造成的问题还好，但如果是个人功过原因造成的，那么很多人就会开始相互推卸责任。所以，分析原因的难度特别大。但是企业组织在进行评估的过程中，又一定需要把它找到，因为找不到原因就找不到问题所在。所以，我们在进行评估之前的面谈中一直在谈的内容是什么，到评估阶段就要根据面谈的内容追究原因。

主观和客观因素，我们在前面都分析过了，接下来就可以看看是否是人的原因，到底是钱不到位，人不到位，还是流程设备不到位？总得找到一个病根，才能为下一步绩效奠定基础。如果原因找不到，责任人当然也不会出现。

这就像去医院看病一样，如果找不到病因就盲目对症下药，是万万不可取的行为。所以要精准治疗，首先就得把原因找到。

5. 责任

问题原因找到之后，责任人自然就清晰了，要求责任人整改就可以。但如果责任人就是问题员工，怎么办呢？可以参考我们在前文分析的问题员工面谈技巧。这样我们就可以渐渐发现哪些人应对此负责，哪些部门应对此负责，哪些团队能对此负责。所以，最终企业组织还是需要把负责人找到的。

其实并不是要追究谁的责任，主要还是找到产生问题的根本原因和这个组织员工做错了什么，做对了什么，在哪些方面还不到位。同时还需要用SMART原则再细化一下，这时找到问题的本源之后，问题的本身其实就是答案了。

6. 对策

当前几个问题都陆续解决之后，下一步的目标对策也就浮现出来了。下一步的计划是什么，应该确定哪个方向，计划改进或执行之后会出现什么样的美好蓝图与愿景等。所以，慢慢地我们就会发现，通过绩效评估之后，其实就可以看到每个组织员工下一步绩效开展的愿景是什么，这样就变成由终点到起点了。

慢慢在往后走的过程中，企业领导者就会发现绩效从原来的指标分解、目标确定、行动计划、承诺书，再发展为推进辅导，直至最后。这样就渐渐能够发现评估是为了下一步找到问题的根本原因，从而去改进、去提高、去成长的。

本节的最后还要讲述一下绩效评估表评价特征。在绩效评价中，绩效评估表（见表5-2）就是用来评价绩效评价表是否适合，同时提升绩效评估的效能。所以，在填写绩效评价表应用之前，先用绩效评估表进行评判是最合适的评估过程。

表 5-2 绩效评估表

序号	评估特征	1	2	3	4	5
1	简单性					
2	相关性					
3	描述性					
4	适应性					
5	清晰性					
6	沟通性					
7	导向性					

本节作业

课后作业：掌握评估表的六个问题，设定公司绩效评价流程图，掌握绩效评估表。

第三节　绩效体系评价流程

本节将会对之前讲述的所有章节内容，即整个绩效体系做一个全流程的评价。这涉及个人、组织团队及绩效委员会的整个体系，这部分内容是一些流程和标准规则，可能相对来说比较枯燥，但对于整个绩效管理过程而言又是必不可少的重要部分，下面就一起来看看绩效评价体系流程到底是怎么操作的。

绩效评价体系内容

首先，企业绩效评价体系（Performance-Appraising System of Enterprise），

是指由一系列与绩效评价相关的评价制度、评价指标体系、评价方法、评价标准及评价机构等形成的有机整体。企业绩效评价体系由绩效评价制度体系、绩效评价组织体系和绩效评价指标体系三个子体系组成。企业绩效评价体系的科学性、实用性和可操作性是实现对企业绩效客观、公正评价的前提。

企业绩效评价体系的设计遵循了"内容全面、方法科学、制度规范、客观公正、操作简便、适应性广"的基本原则。评价体系本身还需要随着经济环境的不断变化而不断发展完善。企业绩效评价的内容依企业的经营类型而定，不同经营类型的企业，其绩效评价的内容也有所不同。工商企业与金融企业就有不同的评价内容；在工商企业中，竞争性企业和非竞争性企业的评价重点也存在差别。

在了解绩效体系评价的意义后，其操作流程中评价的部分包含四方面：（1）承诺人自评；（2）直线主管的评估；（3）上级管理者评议；（4）绩效委员会批准。其中，直线主管的评估是站在打分者的角度进行评估，而上级管理者的评议及绩效委员会的批准，是整个流程评估之后的结果。下面我们将讲解这些流程到底具体是如何做的。

1. 自我评价的一般流程

首先，自我评价的一般流程是以领导承诺的绩效目标标准作为评价准则。回顾第一部分梦想链接梦想的内容，讲到过六步骤的承诺部分，其中第三步骤讲述的承诺是先共话愿景，共话愿景后进行SWOT分析，完成SWOT分析后，将要进行的就是承诺过程，也就是对这一个愿景的获得、目标的接受进行承诺。其中，第二步骤的承诺是企业组织领导者做完七步骤的行动计划和八步骤的指标分解之后，萃取出来的绩效承诺书，而今天所说的自我评价，就是对承诺书中关于个人成长目标、员工管理目标、业务目标承诺结果的一个评价。

同时，自我评价需要去策划和制定自我评价的计划书，包含部门、过程、界定涉及部门、人员等内容，企业领导者需要整体界定清楚上述内容，包括绩效承诺书在实施过程中涉及哪些内容、部门、过程等，在界定清楚后再进行自我评价。

其次，实施自我评价，应当是逐条、定性或定量的。也就是说，承诺书中的内容既有定性的，也有定量的。因此，在评价时，我们应当依据承诺书中的表单，属于业务目标的按照业务目标评价，属于个人成长的按照个人成长目标评价，属于人员管理的按人员管理目标评价。评价之后，需要将在评价过程中的发现，包括实施的情况、产生的结果、不足点、创新点、差异点、下一步计划等作为下一轮绩效起点，而企业组织要做的计划内容需要融入改进计划和创新计划中。如果自我评价结果很好，就可以萃取出来个人成长的模板和个人成就的创新点、样本、模板进行分享、推广复制，之后就又进入下一个循环，再重新按照领导给的承诺进行自我评价。

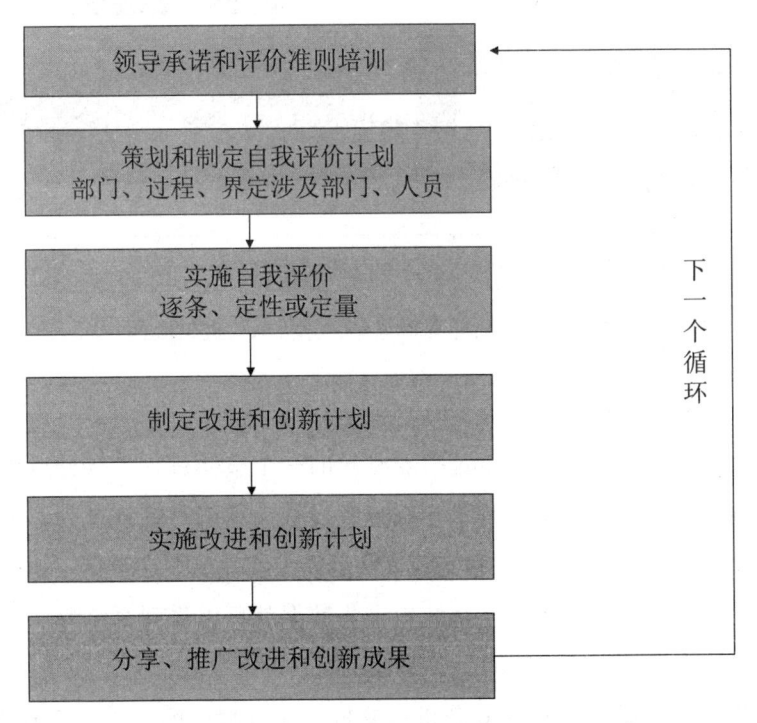

```
┌─────────────────────────────────┐     ┐
│     领导承诺和评价准则培训        │◄────┤
└────────────────┬────────────────┘     │
                 ▼                       │
┌─────────────────────────────────┐     │
│     策划和制定自我评价计划        │     │
│  部门、过程、界定涉及部门、人员    │     │
└────────────────┬────────────────┘     │
                 ▼                       │
┌─────────────────────────────────┐     │
│         实施自我评价             │     │  下
│      逐条、定性或定量            │     │  一
└────────────────┬────────────────┘     │  个
                 ▼                       │  循
┌─────────────────────────────────┐     │  环
│      制定改进和创新计划           │     │
└────────────────┬────────────────┘     │
                 ▼                       │
┌─────────────────────────────────┐     │
│      实施改进和创新计划           │     │
└────────────────┬────────────────┘     │
                 ▼                       │
┌─────────────────────────────────┐     │
│   分享、推广改进和创新成果        ├─────┘
└─────────────────────────────────┘
```

图 5-6 自我评价的一般流程图

以上就是自我评价的流程，相对比较简单，实际就是对照承诺书内容逐条去评价。

2. 评估标准（测量、分析与改进流程）

组织层面的评估标准是从组织角度去评价，即主管、管理者及绩效考核委员会等对整个绩效过程的评估标准进行测评。评估有如下两方面的内容，第一方面是测量与分析，第二方面是信息和知识的管理。

测量与分析

绩效测量
- 选择、收集和整理，监测日常运作及绩效
- 选择和有效应用对比数据

绩效分析
- 分析、评价绩效，以及战略制定时的分析
- 分析结果的下传

信息和知识的管理

数据和信息获取
- 确保获得和易于被获取
- 软硬件系统的可靠性、安全性、易用性

组织的知识管理
- 知识的收集、传递、确认和分享
- 数据、信息和知识的完整性、及时性、可靠性、安全性、准确性和保密性

改进

改进的管理
- 所有部门、层次的改进计划和目标
- 改进的实施、测量和成果评价

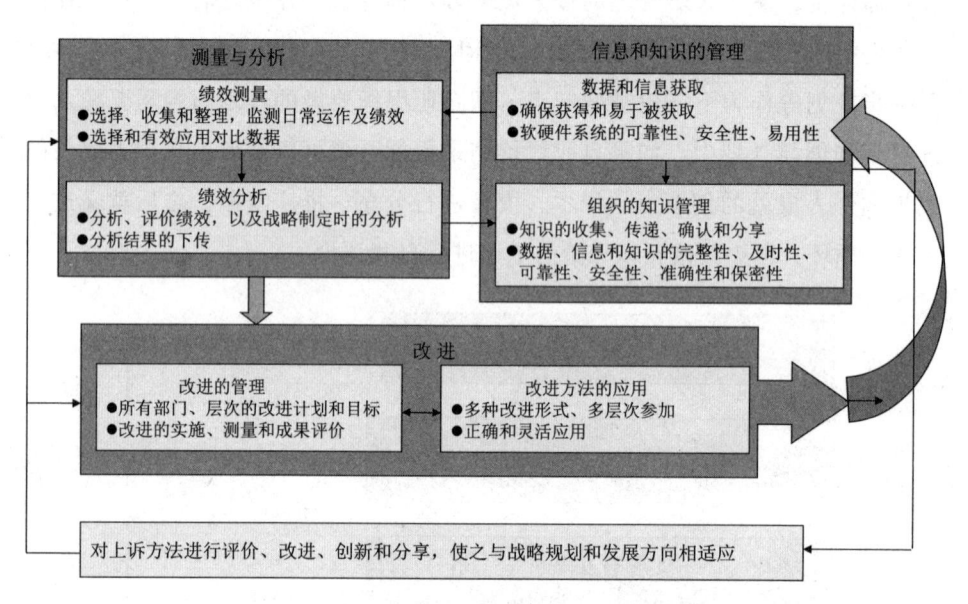

改进方法的应用
- 多种改进形式、多层次参加
- 正确和灵活应用

对上诉方法进行评价、改进、创新和分享，使之与战略规划和发展方向相适应

图 5-7 评估标准"测量、分析与改进"流程

（1）测量与分析

测量与分析是我们需要通过绩效测量的一个整体过程（打分过程、目标设定过程、行动计划制定过程、指标分解过程、承诺书签订过程、绩效推进过程），来选择、收集、整理和监测日常运作中绩效的相应数据。如果是系统化动作的情况下，就只需要从系统中采集数据就可以看到全流程，剩下的就是选择有效应用对比这些数据。如果有周期，还可以进行同比和环比的操作。在对比之后，就需要进行绩效分析，分析运作过程中的差异点在什么地方，与评价绩效及制定战略时的状态是否有区别，跟当时制定目标的背景下的需求是否一致等。而对于分析得出的结果，需要将它向下一层去传递，通过传递来查找出问题环节。

（2）信息和知识的管理

信息和知识的管理首先需要获取数据和信息。通常在整个绩效体系运作之后，会产生大量的数据，这个数据需要确保易于获得，其次就是需要一个兼具可靠性与稳定性，又易用的软硬件系统。比如我在线下讲授绩效管理课程时会用很多表单，而现在我们是阅读一本书，所以只能看到表单模板，但如果这些表单是真实在企业绩效评估中应用过的。此时如果有一个既可靠又稳定，又易用的系统，我们就可以把这数据进行整理萃取。原始的数据经过萃取进行二级应用，我们就会发现很多规律、范式，同时也会总结很多模型和经验性的东西。这些再次被收集整理、确认、分享之后就可以形成下一阶段工作中的指南或者可遵循的路径。

以上信息和知识如果能被完整及时地保留下来，并进行横向和纵向的交流分析，我们就可以得到一个可靠的、准确的、具有保密性的个性化的绩效体系数据运作模型。因此知识和信息管理，需要计算机系统的强大功能，我们需要建立一个强大的绩效职能系统。例如，现在在很多五百强企业都将绩效管理纳入了信息系统管理，由于无纸化办公，很多数据都可以从数据库中调取出来，我们能看到数据运作之后留下的数据轨迹，通过分析整合之后就可以看到差异点。

我们一边通过测量与分析的整体流程，一边通过整个信息和知识管理，就能得到改进管理过程中所有部门层次改进计划、改进实施测量和成果评价计划。比如说数据萃取的模型可以作为一个工具，在下一阶段可以套用或者是借用过来，只要正确灵活地去应用即可。我们把上述的管理措施整个层级分解和改进方法整合起来，通过研究可以再倒回去，进入数据库进行二次萃取，就能形成一个整体模型体系。

对上述方法再回溯，在评估的过程中进入绩效评估测评系统中去，将信息系统形成工具，也可以从信息和知识管理进入创新、分享、改进的工具规划以及战略适用方向的规划体系里，然后整体进入绩效考核测评体系中，得来的数据模型通过验证之后就形成方法体系，进入我们的测评分析体系，再进入整个管理过程中进行应用。

3. 绩效评审委员会的功能

绩效评审委员会的功能，实际上就是令前述的个人评价和组织评价萃取的结果进入应用阶段。委员会对个人的和组织评价的结果进行二次评估或者进行深入评估，判断绩效是否符合岗位要求。如果结果符合岗位要求，即绩效是合格的话，就可继续保持，续签合同；如果绩效优秀，就进行人才储备；如果再优秀，就可以晋升或者奖励，即奖惩措施；如果跟岗位的绩效有差异，委员会可以给予培训、处罚、待岗、不续签、辞退等的评价结果。

从图 5-8 的内容展示中，我们可以看出绩效评价之前还有很多其他评价工作，包括绩效评估、信息评价（个人的、组织的、个人报告的、主管的）。之后就是绩效考核的评价，结果就会应用在图 5-8 中虚线框里，如进行签订劳动合同、人才储备、岗位调整、奖惩等，这些属于人事功能（人力资源的功能模块），是兑现的过程，也是功能调整的过程。

评价结束之后，如果有改进计划，就可以直接进入这一环节，也就是我们所说的绩效面谈内容——绩效面谈和绩效改进面谈的结果。在进入绩效评价改进的计划，确认改进计划的过程中，如果同意，就进入备案存档、实施即可；如果不同意，就向绩效委员会提出申诉，申诉之后进行二次评估；如果评估之后维持原结论，就再回来进入改进计划；如果绩效有问题或绩效评价有问题，我们就改进绩效评价的内容，找到相关的责任人。这就是绩效评审委员会的作用。

如此不难发现，绩效评审委员会的作用在于预防和监督作用。为防止绩效管理体系出现这种人浮于事、流于形式的情况，可以通过个人的反馈、个人申诉对整个流程起到监督作用。其中，个人自评的过程，可以起到体现自我权益的作用。申诉的过程确实可以保障绩效管理的流程不断"进化"。

最后，在了解绩效评价体系的内容和流程后，本节还向大家介绍评估者的风格测评表及评价者动机分析。

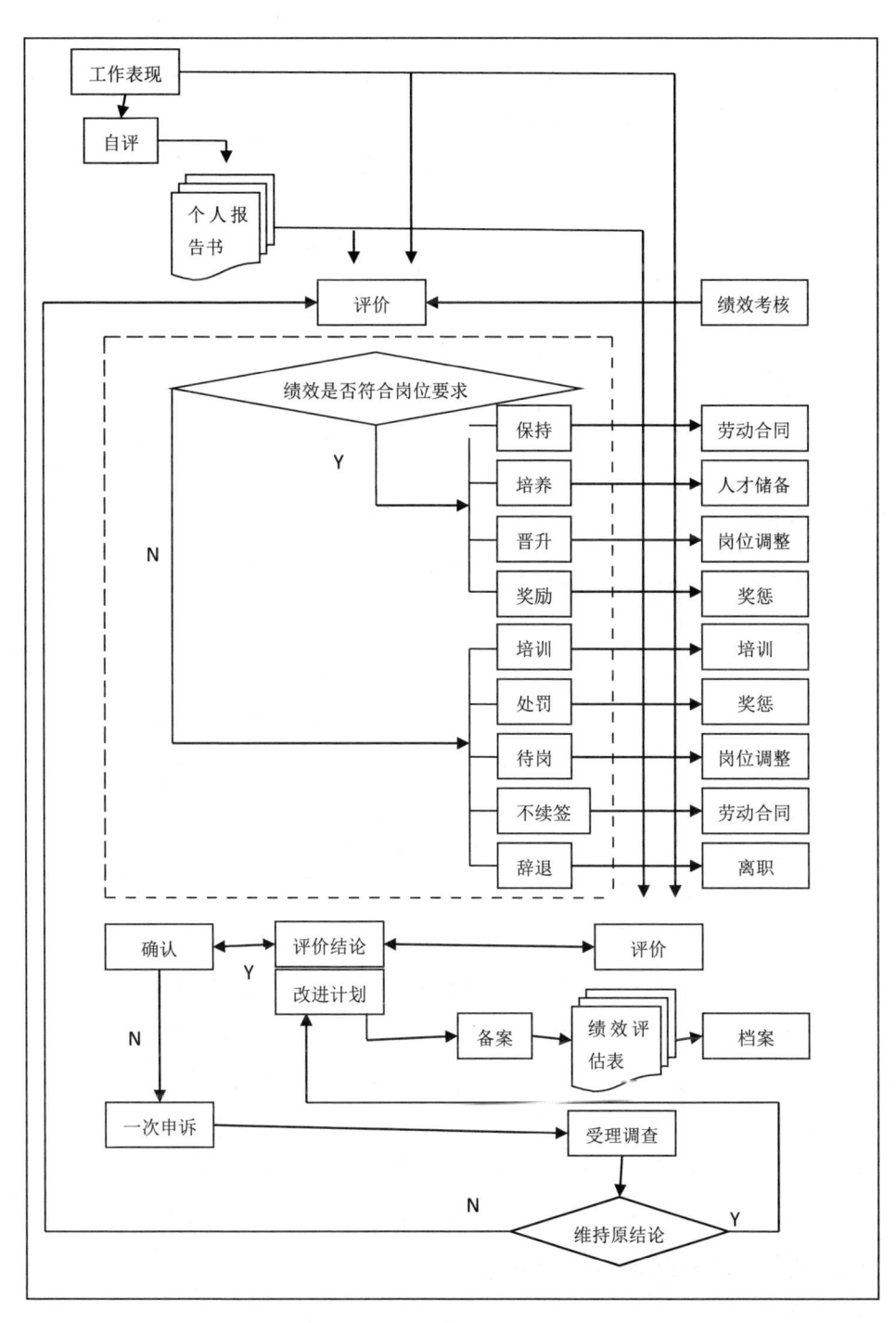

图 5-8　绩效评审委员会的功能

表 5-3　评估者的风格测评表

序号	A	B	C	D
1	有条理	莽撞	有魅力	老练
2	倾听	倾诉	礼貌	倾听
3	勤奋	独立	平易近人	合作
4	严肃	果断	健谈	沉思
5	认真	坚决	热情	仔细
6	中肯	冒险	亲切	温和
7	实用主义	有野心	有同情心	优柔寡断
8	自控	强势	情绪外露	一丝不苟
9	目标导向	自负	友好	耐心
10	有条理	果断	真诚	谨慎
11	公事公办	明确	善交际	精确
12	勤勉	坚定	开朗	挑剔
13	有秩序	坚持己见	幽默感	思考
14	正式	自信	善于表达	犹豫
15	坚持	有说服力	令人信任	拘谨

四维风格测评表是赫尔曼·阿吉斯（Herman Aguinis）在《绩效管理》（*Performanle Management*）这本书中提出并解释介绍的表。作为企业的领导者，我们可以从表 5-3 中找出每一个题目中最符合自己的绩效评价风格特点，然后进行归类整理，再根据图 5-9 的四维象限来评估自己属于那种风格。

不同的领导风格善用不同的评估方式，甚至可能得出不同的评估结果，也就是产生了评估者效应。评估者效应是指在标准评价体系下，评估者评价的信息很大程度会受到自己的认知倾向决定的，即主观认知决定的。我们要善于利用风格带来的优点，提高绩效评估的效能，尽量避免弊端，公平公正且多元化地进行企业组织员工的绩效评估工作。

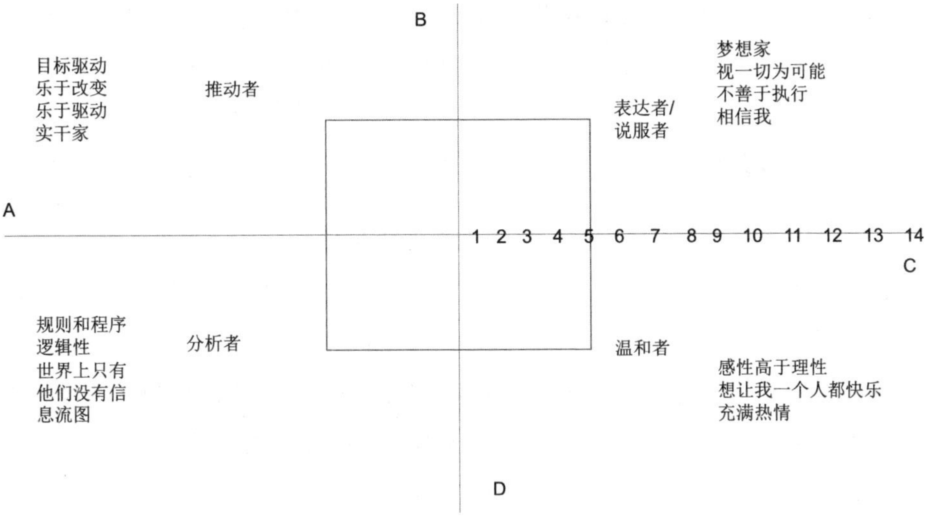

第五章 辅导跟进，变奖惩为赋能

```
目标驱动                         B            梦想家
乐于改变        推动者                         视一切为可能
乐于驱动                                       不善于执行
实干家                              表达者/    相信我
                                    说服者
A ─────────────────┼──────────────────
                   1 2 3 4 5 6 7 8 9 10 11 12 13 14
                                              C
规则和程序
逻辑性          分析者              温和者
世界上只有                                     感性高于理性
他们没有信                                     想让我一个人都快乐
息流图                                         充满热情
                         D
```

图 5-9　评估者的风格

本节作业

课后作业：设定公司绩效评价流程图，包括自评流程图和组织评价流程图，还有绩效评审委员会的流程图。

第四节　典型问题员工的处理技巧

在绩效管理过程中，企业组织会遇到种种阻碍，每一阶段和步骤都有可能在组织团体中引发争执和讨论。面对这些困难，企业组织的领导者需要的是直面的勇气和可行的办法。

在这一节中，我将首先介绍的方法是 PBC 绩效反馈的争议调解，然后还会同大家进一步讨论与分析在绩效管理过程中可能会遇到的四类典型问题员工，以及该如何与这些问题员工进行绩效面谈，如何与他们沟通并解决冲突。

PBC 绩效反馈

首先讲述一个案例。曾经，作为南美洲较早独立的三个邻国：玻利维亚、秘鲁和智利原本相安无事，但在 19 世纪 40 年代，他们的人民曾共同反抗西班牙殖民统治，分别走上独立发展道路。但后来围绕着领土与资源问题，这三国的矛盾日益尖锐起来，地处三国交界的阿塔卡马沙漠地区更成为争夺焦点。那里的气候极度干旱，属于不毛之地，三国独立之初都没有重视那里。然而到 19 世纪中期，人们在那里发现了鸟粪、银矿和硝石，这些资源带来巨额财富，于是三国政府对这片区域开始有了各自的打算。

经过多次交涉与谈判，在 1874 年阿塔卡马的硝石矿区内，秘鲁控制了塔克纳、阿里卡和塔拉帕卡区域，玻利维亚占有安托法加斯塔地区，智利则控制南纬 24°线以南剩余的一小片硝石矿区。由于智利控制的面积最小，所以一直企图扩大占领范围，而秘鲁则与玻利维亚在共同威胁下走向合作。1873 年 2 月，秘鲁与玻利维亚签订密约，建立军事互助同盟。

1877 年 5 月，一场暴风雨袭击了玻利维亚控制下的港口安托法加斯塔。为了恢复灾后经济，玻利维亚地方当局决定增加税收，然而该城市的主要财富却是由智利与英国合资的安托法加斯塔硝石和铁路公司控制，因此该决议遭到智利的抗议。1879 年 2 月初，玻利维亚总统达萨强行没收了相关硝石企业的财产，于是在英国的唆使下，智利准备诉诸解决问题，并想趁机占领整个阿塔卡马地区。2 月 14 日，智利总统平托下令出兵占领安托法加斯塔港，赶走了玻利维亚警卫队。3 月 14 日，玻利维亚向智利宣战。秘鲁也于 4 月参战。由于这场战争是为了争夺硝石和鸟粪，因此被称"硝石战争"或"鸟粪战争"。

随着历史的不断发展，后来的人们在评价这两场战争时，发现所有的争议都是无意义的。虽然这是国与国之间的问题，但同样可类比于企业的组织内部，成员与成员间出现争议的情况，当这种情况出现时，企业领导者一定要考虑的是最终解决问题的办法。比如,找寻新的解决问题工具,新的思路和出路,而不是为问题找借口,像这个案例一样打一场"鸟粪战役"了事。

企业可以开展个人业务承诺(Personal Business Commitment),即PBC个人绩效承诺,来解决组织内部成员间的矛盾或争议问题。PBC是IBM绩效管理的重要表现形式,其内容也是IBM倡导的。

PBC的内涵一方面指的是结果、执行、团队,这三部分存在一定的严密逻辑关系;另一方面,它本身就体现了公司价值观和企业文化,如强调团队合作;而且它还强调承诺和共同参与的重要性,这体现了绩效管理的核心思想。

结果目标承诺是员工承诺的本人在考核期内所要达成的绩效结果目标,以支持部门或项目组总目标的实现。对于结果目标,一般应有衡量指标,说明做到什么程度或何时做完。这是季度末衡量员工绩效是否达成的主要依据。

执行措施承诺是为达成绩效目标,员工与考核者对完成目标的方法及执行措施达成共识,并将执行措施作为考核的重要部分,以确保结果目标的最终达成。而对于执行目标,由于它是一种过程性的描述,不一定都有明确的衡量指标。所以,在进行绩效评价时主要是看员工是否按照规范的要求去做。制定执行承诺的主要目的在于,让上下级就结果目标达成的关键措施进行认真分析,尽量考虑到一些风险和外部障碍,从而使得上下级双方做到心中有数。因此,执行承诺主要针对较重要的结果目标,不是很重要的目标不一定有执行措施(目的)。

团队合作承诺是为保证团队整体绩效的达成,更加高效地推进关键措施的执行和结果目标的达成,员工须就交流、参与、理解和相互支持等方面进行承诺。对于团队目标,主要是一种导向和牵引,强调对周边、流程上下游及上级的支持与配合。对于较难明确衡量的指标,可以不写。

在进行PBC绩效推进的过程中,还要做的就是及时反馈。只有不断反馈,企业组织才能更好地掌握问题的发展,以及员工相互间关系的发展情况。在反馈阶段,领导者要格外注意并全面考虑的是:需要为结果反馈做哪些准备工作,如何与员工沟通绩效的表现,如何与承诺者解释背后原因,怎么对下一阶段的工作提出展望等。在安排并准备好全部的反馈工作后，就可以开展正式反馈工作，并以此来帮助企业组织更好地发展。

四类典型问题员工及其处理技巧

在进行绩效面谈的过程中，面谈者要秉持认真负责的原则，但往往难免也会出现因为权益、利益和立场的不同，而带来的一些沟通不顺畅，甚至是冲突极端化的情况。所以这一节要讨论的就是在面对这些问题的时候该怎么去处理。

第一种典型的问题员工是强调因果型。这类员工逻辑关系很强，那么在面谈过程中，员工会和面谈者讲述很多道理，使得面谈者很难说服他们。

第二种典型的问题员工是擅长狡辩型。这类员工不会和面谈者讲道理，而是不断狡辩，提出各种借口推卸责任。

第三种典型的问题员工是灰心丧气型。他们总表现得对自己很没有信心，而在这样的表现情况下进行面谈时，无论面谈者在谈话中讲述了什么，这类员工都会保持相同的状态，也总是很难成长起来。

第四种典型的问题员工就是情绪失控型。在面谈的过程中，面谈者总会担心讲述了什么内容后，这类员工是否会出现意外的状况。

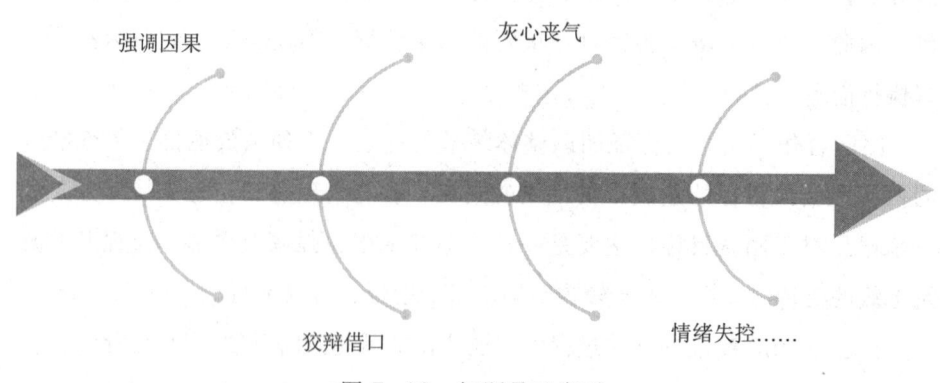

图 5-10 问题员工类型

这四种类型的员工都是令企业组织很纠结的，他们刚好也代表着四种性格：

强调因果的员工一般逻辑思维能力都特别强；狡辩借口的员工一般都比较灵活；灰心丧气的员工一般都比较内向；情绪失控的员工一般则都比较强势。

其实在面谈进行的过程中，面谈者除了对灰心丧气的员工没有压力以外，面对其他三个类型的员工，面谈者无论是情感上还是逻辑上所要承受的压力是比较大的。

那么，如果想激励这些员工，应该如何去做？首先，领导者需要考虑的是在进行面谈时可能出现的最坏结果是什么，冲突的又是什么情节，并借机正视矛盾，解决组织冲突。

企业和员工往往由于立场、权益、情感等差异而会引发不和谐的状态，所以在面谈的过程中就会出现很多问题。

那么，员工们站在和企业组织对立的立场上，又是什么原因造成的呢？先给大家讲述一个例子吧。有一部影视作品，是20世纪90年代美国拍的《光荣战役》。其中有这样的一个情节：一名白人上校带着很多黑人士兵在打完一场胜仗后，给他们发放津贴。在这个过程中，因为津贴的发放对象是黑人士兵，所以他们的待遇就从13美元降到了10美元。当上校把这个消息告诉所有人的时候，每一位士兵都异常生气。

其实这个过程，就相当于企业组织在绩效考核结束后，给工作努力的、成果优秀的员工发奖金。所以这些士兵们都表达了自己的不满情绪，此时这位白人上校是怎么解决的呢？上校当着所有士兵的面把自己的工资单撕碎了，撕完之后还告诉所有士兵："我跟大家是一体的，我是你们的长官，你们没有的待遇，我也不要"。这样的行为使得黑人和白人间的种族矛盾问题，瞬间变成了薪水待遇问题，同时还将自己与黑人士兵们的关系拉得更近，很快就融入团队中去了。

紧接着，这位上校就开始发军装，并鼓舞这些士兵："你们不是想成为一个真正的士兵吗？现在有军装在身，我们已经成为一个真正士兵了！"在这样巨大的荣耀面前，黑人士兵们已经忽略了最初的3美元差异。所以在很多情况下，解决问题是要有一些技巧的，当然上面所讲述的影视例子中是一个特定的环境，带来的结果当然也是很理想的。

那么一般情况下，在面谈中发生冲突时，企业领导者在哪些环节可以提前发现问题？一个高明的领导者一般在冲突发生到达第三级、第四级时就会发现。当员工在面谈过程中出现质疑、怀疑、相互争辩时，就应该有所察觉了。如果此时还意识不到发生了什么，等其渐渐发展为厉害威胁、人身攻击、暴力侵害、消灭对方时就迟了，所以在面谈中要尽早发现问题，就能尽早解决。

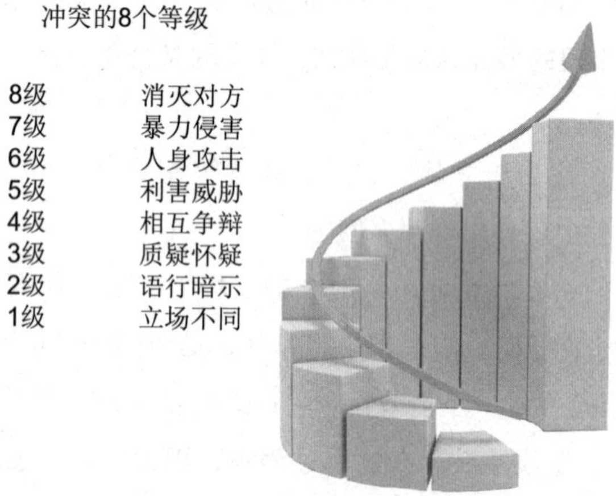

冲突的8个等级

等级	描述
8级	消灭对方
7级	暴力侵害
6级	人身攻击
5级	利害威胁
4级	相互争辩
3级	质疑怀疑
2级	语行暗示
1级	立场不同

图 5-11　冲突的等级[①]

那么在冲突解决过程中到底有哪些办法？有六项措施可以帮助我们。这六项措施包括：威胁与强制、合作与交易、第三方介入、折中妥协、搁置与回避、迁就与忍让。

有个例子可以帮助大家更好地理解和学会使用这些措施。在家庭中，当丈夫和妻子吵架了，他们该选择什么措施来缓和冲突呢？很多男士选的是以下三招：迁就与忍让，等妻子气消了，两人就可以重归于好；搁置与回避，丈夫与妻子两人相互不理睬，最终避而不谈让时间消磨过去；还有就是折中与妥协，摆事实讲道理，双方都有错，丈夫可以多道歉，这样夫妻重修旧好。

当然还有的人可能会选择第三方介入，即找一个其他的家庭成员或朋友在中间帮助调和，甚至还有人会选择合作与交易，毕竟这个方法简单且包治百病。

---

① 摘自《六维领导力》，杨思卓著，北京大学出版社，2008年1月出版。

其实要想更好地处理面谈中出现的冲突问题，不能只靠着单一手段进行，而是必须"打组合拳"。就像面对中美贸易矛盾时，矛盾是由美国人挑起来的，虽然我们国家不得已应战，但是也两招组合起来的，那就是大门敞开打，奉陪到底。一个是威慑与强制，一个是合作与交易，两手抓，两手都要硬。

表5-4 解决冲突的六项措施[1]

方法	使用条件
合作与交易	利益交错/更高利益
威慑与强制	我强彼弱/对方困境
第三方介入	双方无解/有力且有利的第三方
折中与妥协	势均力敌/互有难处
搁置与回避	别无他法/三方博弈/时间有利
迁就与忍让	彼强我弱/我处困境/对方非理性

所以在处理冲突的过程中，我们一定要记住这个需要两手抓，三手抓，甚至打组合拳的过程。一定要分清楚冲突到底是因为权益，利益还是立场，然后就可以找寻相互的关系，之后再将几种措施组合起来去处理，这样问题解决的效果更佳。

那么，这四类员工为什么会发生冲突呢？之前有说到这四类员工之所以是问题员工，也有一部分是他们自身的性格气质造成的。下面，我给大家一个工具，用以对组织员工的性格做一个测评。这个工具就是DISC个性测验，测验会把人分为四类个性倾向（如图5-12所示）。

第一类是外向理性的支配者"D"，他们果敢积极、大气、直截了当、简单直接粗暴。在进行面谈时，他们一般会较为情绪化，冲劲很足，认准的事情绝对不回头。

第二类是外向感性的影响者"I"，他们是互动型的人才，每天都很潇洒自如，开心得一塌糊涂，如果企业组织指望他们做出点成果来，难度有些大。这类型的员工一般擅长做的都是员工关系工作或团队文艺工作。

---

[1] 摘自《六维领导力》，杨思卓著，北京大学出版社，2008年1月出版。

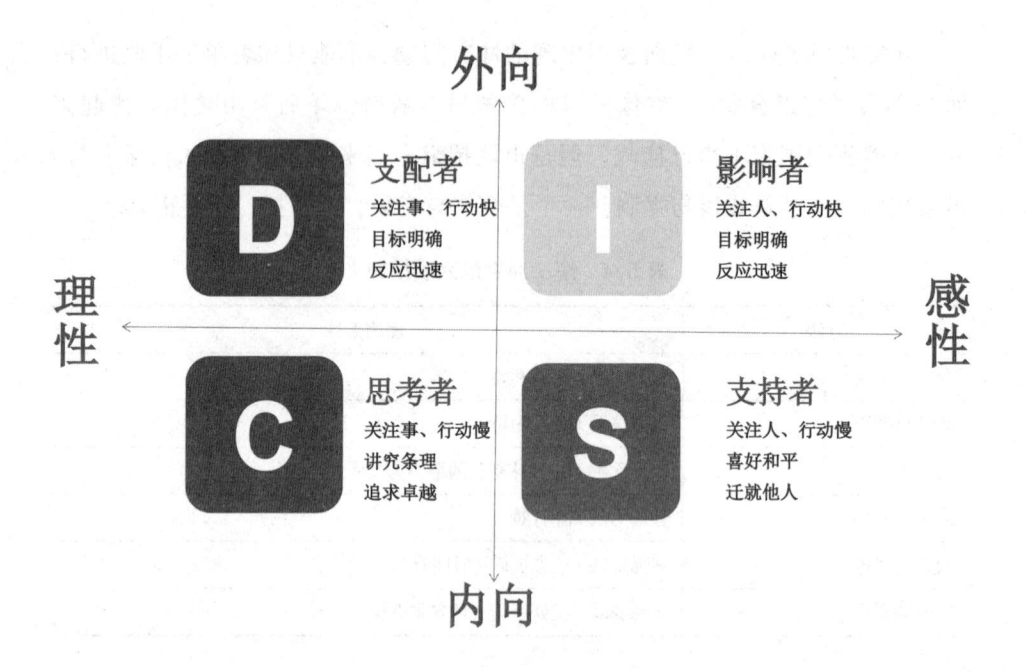

```
         外向
          ↑
  ┌─────────┬─────────┐
  │ 支配者   │ 影响者   │
  │ D       │ I       │
理性│ 关注事、行动快│ 关注人、行动快│感
←─│ 目标明确 │ 目标明确 │→性
  │ 反应迅速 │ 反应迅速 │
  ├─────────┼─────────┤
  │ 思考者   │ 支持者   │
  │ C       │ S       │
  │ 关注事、行动慢│ 关注人、行动慢│
  │ 讲究条理 │ 喜好和平 │
  │ 追求卓越 │ 迁就他人 │
  └─────────┴─────────┘
          ↓
         内向
```

图 5-12　DISC 个性测验结果

第三类是内向感性的支持者"S"，他们通常都比较默默无闻，在和这类员工面谈时，面谈者无论怎么说话，他们都不怎么吭声。这类人大部分工作业绩一般情况下是比较平稳的，都是在踏踏实实做事情，以至于企业组织指望他们犯个错都有点难，当然盼望他们创新也就跟犯错一样很困难。所以这类人往往都成为踏实、忠厚老实的员工。

第四类是内向理性的思考者"C"，这种个性的人往往都是逻辑性很强的，他们善于表达自己的观点，聪明且追求完美细致。至于完美到什么程度，或许晚上睡觉姿势不对，他们都会想起来重睡的。

企业组织中的员工性格按照 DISC 个性测验分类，就可以划分为这四种类型。面对不同类型的员工，企业进行面谈的方法和内容是不一样的。所以，我们需要掌握这个工具，对员工做一次 DISC 个性测验，以便初步了解他们的个性。

如果员工是支配者，那就不要在面谈中太过强势，因为这类员工是宁折不屈的。只要他们合法、合规、合情、合理，我们就可以给他们"一亩三分地"，让他们在自己的领域里说了算。

如果员工是影响者，那就不要让他们负责具体的工作或产品了，虽然对待他们有时也需要适当的敲打，但同时也别指望他们能把工作完成得十分细致或完美。他们往往是一个团队的凝聚者、公关者和宣传者，所以他们也能做好一些相应的工作。

如果员工是支持者，是踏踏实实的执行者，那么对他们来说严格的要求和标准化的面谈内容是不意外的，对他们而言，多一些欣赏激励的内容可能在面谈时的效果会更好，因为他们很在乎别人的看法。

如果员工是思考者，企业需要做到比他们还完美，只有比他们还细致时，再和这类员工进行面谈，他们才会信服。

所以面对不同性格的人，企业在面谈的过程中所用的思维是不一样的，用一次针对性的测评了解清楚员工的个性，也同时可以了解清楚自己的性格。这样在和员工进行面谈的过程中，就可以提前避免一些情况，比如 D 型和 D 型谈话一定是会谈崩的；C 型和 C 型谈话一定会更挑剔的；而 S 型跟 S 型谈话则会互相会宽容；I 型和 I 型谈话可能谈着谈着就一起出去吃饭了。所以做一次双方测评就知道大概谁和谁进行面谈可能会达到想要的预期效果，而在这个过程中，了解人的个性对冲突管理还是有一定帮助的。

本节作业：

课后作业：进行一次针对性的性格测评（DISC）

DISC 个人行为模式测试题	
DISC 行为方式测试（性格测试）由美国心理学家马斯顿（"测谎机"的发明者）博士创立，在下面的测试题中选出唯一的答案（在选项后面打√），并且计算每个答案的数量。	
一、当您和朋友一起用餐时，在选择餐厅或是吃什么时，您通常是：	1. 决定者：意见不同时，通常都是决定者。
	2. 气氛制造者：吃什么，都很能带动情绪气氛。
	3. 附和者：随便，没意见。
	4. 意见提供者：常去否定别人的提议，自己却又没建议，不做决定。

续表

二、当您买衣服时，您是：	1. 不易受售货员的影响，心中自有定见。	
	2. 售货员的亲切友好态度，常会促进您的购买。	
	3. 只找熟悉的店购买。	
	4. 品质与价格是否成正比？价格是否合适？	
三、您的消费习惯是：	1. 找到要买的东西，付钱走人。	
	2. 很随意地逛，不特定买什么。	
	3. 有一定的消费习惯，时间固定不太喜欢变化。	
	4. 较注意东西好不好，较有成本观念。	
四、您的朋友用一句话来形容您，他们会说：	1. 沉默寡言。	
	2. 热情洋溢。	
	3. 温和斯文。	
	4. 追求完美。	
五、您自认为哪种形容最能表现您的特色：	1. 果敢的，能接受挑战。	
	2. 生动活泼，不拘泥。	
	3. 爱倾听，喜欢稳定。	
	4. 处事谨慎小心，重数据分析。	
六、您觉得做事的重点应该是：	1. 做什么，重结果。	
	2. 谁来做，重感受（过程）。	
	3. 如何做，重执行。	
	4. 为何做，重品质。	
七、与同事有意见冲突（或不同）时，您是：	1. 说服对方，坚持自己意见。	
	2. 找其他同事或上司，寻找支持。	
	3. 退让，以和为贵。	
	4. 与冲突者协调，找寻最好的意见。	
八、什么样的工作环境最能鼓舞您：	1. 能让您决定事情，具领尊地位的。	
	2. 同事相处愉快，处处受欢迎。	
	3. 稳定中求发展。	
	4. 讲品质，重效率的工作。	

第五章 辅导跟进，变奖惩为赋能

续表

九、以下的沟通方式，哪一项最符合您？	1. 直截了当，较权威式的。	
	2. 表情丰富，肢体语言较多。	
	3. 先听听别人意见，而后婉转地表达自己的意见。	
	4. 不露感情的，理多于情，爱分析，较冷静。	
十、在每一次会议中或公司决议提案时，您所扮演的角色是什么？	1. 据理力争。	
	2. 协调者。	
	3. 赞同多数。	
	4. 分析所有提案以供参考。	
十一、请在右侧选项中选择最符合自己的一项：	1. 我做事一向具体，能在短期达到目标，决定快速，立即得到结果。	
	2. 在本性上我喜欢跟各式各样的人交往，甚至陌生人也可以。	
	3. 我不喜欢强出头，宁可当后补。	
	4. 我是一个自我约束能力强，守纪律的人，凡事依照目标行事。	
十二、请在右侧选项中选择最符合自己的一项：	1. 我喜欢有变化、激烈、有竞争的工作，是个能接受挑战的人。	
	2. 我喜欢社交，也喜欢款待人。	
	3. 我喜欢成为小组的一分子，固守一般性的程序。	
	4. 我会花很多时间去研究事和人。	
十三、请在右侧选项中选择最符合自己的一项：	1. 我喜欢按自己的方式做事，不在乎别人对我的观感，只要成功。	
	2. 有人跟我意见不一致时，我会很难过（困扰）。	
	3. 我知道做些改变是有必要的，但即使如此，我还是觉得少去冒险好。	
	4. 我对自己以及他人的期望很高，这些都是为了符合我的高标准。	
十四、请在右侧选项中选择最符合自己的一项：	1. 我擅长处理棘手的问题。	
	2. 我是个很热心的人，喜欢与他人一起工作。	
	3. 我喜欢听，但不喜欢说话，即使开口讲话都会说得很委婉温和。	
	4. 处理事情较理智，不把感情牵扯进来，也较少与人闲聊。	
十五、请在右侧选项中选择最符合自己的一项：	1. 我喜欢有竞争，有竞争才能把潜能完全发挥出来。	
	2. 我较感性，与人相处不注重细节。	
	3. 我是个天生的组员，顺着群众。	
	4. 对事我喜欢去研究，寻求证据。	

续表

十六、请在右侧选项中选择最符合自己的一项：	1. 我喜欢能力与权威，这是我想要的。	
	2. 我有时候很情绪化，一生气会气过头，置身于有趣事物中，往往无法掌握时间。	
	3. 我喜欢按部就班，稳扎稳打，喜欢慢慢地做事而不喜欢破釜沉舟。	
	4. 我很注重事物与人的细节。	
十七、请在右侧选项中选择最符合自己的一项：	1. 我喜欢去掌握及支配他人。	
	2. 在团队中我喜欢打成一片，活泼泼有气氛，彼此有感情地相处。	
	3. 我较遵守传统的思想，不喜欢有大的变化。	
	4. 在没有掌握事实的真相之前，我宁可保持现状。	
十八、请在右侧选项中选择最符合自己的一项：	1. 我在与人沟通时，直截了当地说，不喜欢兜圈子。	
	2. 我喜欢抱住他人，相亲相爱。	
	3. 我不喜欢多变化的环境，喜欢稳定安全的生活方式。	
	4. 凡事我要求的是准确无误，需要的是高品质、高标准的处事原则。	
十九、请在右侧选项中选择最符合自己的一项：	1. 我不喜欢别人逗我开心，不喜欢太多话的人。	
	2. 我喜欢参加团体活动，因为与多数人一起娱乐会很好地带动氛围。	
	3. 对事情我没有太多要求与建议，喜欢默默地去做。	
	4. 我做事要有一套经过计划和设计的标准工作程序，以用来引导工作方向。	
二十、请在右侧选项中选择最符合自己的一项：	1. 我讨厌别人告诉我事情应该如何做，因为我自有想法，不喜欢被别人支配。	
	2. 我是个生气勃勃、外向的人，别人喜欢与我共事，让彼此激起工作热情。	
	3. 我喜欢独处，与他人生活在一起时会注意到要尽量不去打扰他人的居家生活。	
	4. 我很少参与到别人的闲聊中，当话题有趣时，我会找更多的话题，小心地进行交谈。	
所有选1的题目个数相加，填在D；所有选2的题目个数相加，填在I；所有选3的题目个数相加，填在S；所有选4的题目个数相加，填在C,相加总分应为20分。哪一类得分最高，就是哪个类型。		
计分：D： I： S： C：		

第六章

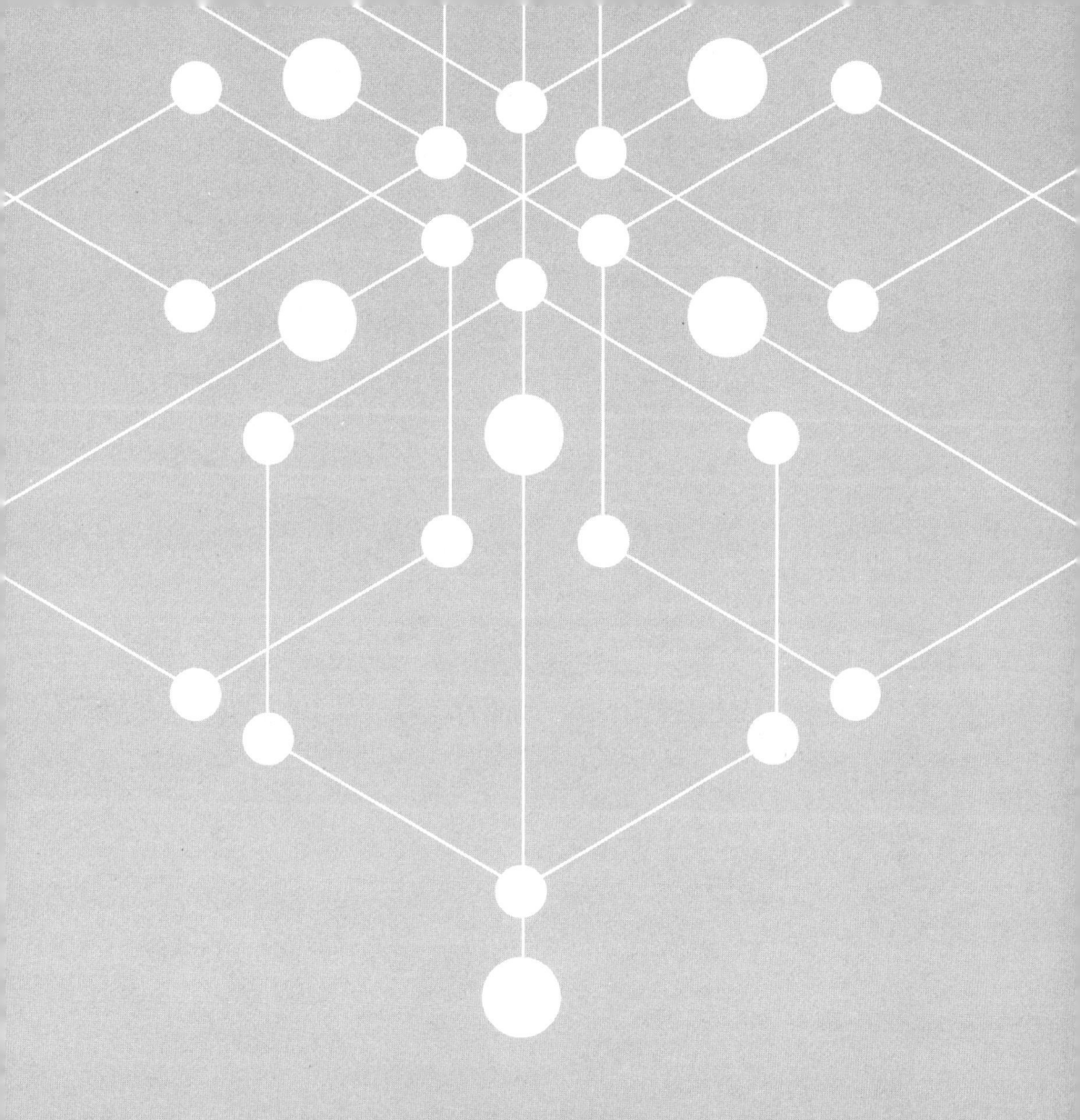

复盘验收，变终点为起点

第六章 复盘验收，变终点为起点

第一节　复盘，以改进团队绩效

在这个阶段，企业组织将进行的工作就是把绩效管理的终点变为起点。经过之前一系列的学习，绩效的内容整体而言有些复杂，难度相对较大。虽然本书也有很多关于辅助工具的介绍和讲解，但书上得来终觉浅，觉知此事要躬行。那么，在复盘验收的部分，作为终章，我将依旧延续之前的内容风格，讲解与工具使用方式并进。

首先分享一个"禁酒令中的黑帮崛起"案例故事。1920年1月2日，禁止酿造和发售酒类的《沃尔斯特法令》在美国生效。长期以来，舆论界强烈主张禁酒，至第二次世界大战开始时，美国已有2/3的州是有禁止的相关文书说明，但仍旧需要有一个全国性的法令来完成禁酒的最终使命，于是美国国会立法颁布了禁酒令。酗酒造成了很多家庭暴力问题，所以禁酒令也是为了保护妇女权益。另外，酒在宗教上和罪相联系，也是宗教组织所反对的。但是禁酒令反而造成私酒泛滥，很多人通过贩卖私酒中饱私囊。

后来美国颁布禁止酒精饮料的酿制、转运和销售的宪法修正案。工业资本家认为工人饮酒影响劳动纪律和生产效率，于是在他们施加压力的情况下，国会于1919年颁布了宪法第十八条修正案："自本条批准一年以后，凡在合众国及其管辖土地境内，酒类饮料的制造、售卖或转运，均应禁止。其输出或输入于合众国及其管辖的领地，亦应禁止。"这一修正案也得到美国基督教新教徒的支持，因为他们有一种禁欲苦行，节俭自制的思想倾向，禁酒令符合他们的要求。

但修正案的实施，又引起了非法酿造、出卖和走私酒类饮料的新犯罪行为，且屡禁不止。而联邦及各州政府又需要以酒税补充其财政收入，1933年，国会颁布的宪法第二十一条修正案废止了禁酒令。

现在，回顾这段因酒而引起的法令颁布与废止的过程，我们能够明白，任何反人性的制度其实都必将带来反抗，同时也催生另外一种畸形的产物出现。有时我们希望企业未来进行人性化管理，但很多时候其实在做的却是任性化管理。

复盘的价值与意义

复盘这个词语其实是一个围棋术语，指对局完毕后，复演该盘棋的记录，以检查对局中招法的优劣与得失关键，一般用以自学或请高手给予指导分析。很多围棋高手最大的特点就是会经常进行复盘。在每次博弈结束以后，双方棋手会把刚才的对局再重复一遍，这样可以有效地加深对这盘对弈的印象，也可以找出双方攻守的漏洞，是提高自己水平的好方法。输棋的一方可以钻研学习，看错在哪里，从而在自己失败的地方跌倒爬起来；赢棋的一方也可以思索为什么赢了，看看对手输在哪里，也从这些地方汲取经验。

我们都知道，曾经阿尔法狗机器人与韩国的围棋高手进行过很多次的对弈，在其中一次的对弈过程中，机器人连赢四局，直到最后一局，韩国的棋手才终于赢了一回。而扳回局面的原因，就是韩国棋手不断地进行复盘，不断钻研下过的棋局、思考招式，最终获得了一次胜利。

复盘现在已经渐渐从围棋扩展到企业管理的方方面面，甚至变成了一种工具或是一项技术。目前，使用复盘方式的企业组织也特别多。比如说世界五百强企业中，很多都将复盘运用在公司的发展和员工的成长方面。在我们国家中，联想、万科等知名企业也经常性地进行着复盘的工作。

复盘的工作不仅仅是企业组织单向进行，并自我反省和改进的。团队中的每一位成员，乃至企业组织的客户，其实都是需要进行复盘工作的。曾经有一个万科的供应商认为复盘工作进行时烦琐且频率过高，影响了企业的经营工作运营。但实际上，磨刀不误砍柴工，复盘工作进行之后带给企业的反馈效果是很好的，甚至在进行了几个循环之后，企业组织一定会有所改善和优化。那么复盘对企业而言，究竟有什么价值呢？

1. 复盘可以帮助企业认清问题的本源

复盘能帮助企业对当前面对的问题进行一个全面的梳理，找出问题的根源，认清问题背后的问题，发掘解决办法，发现和产生新的想法与思路，然后萃取出可复制的成功经验，指导下一步的企业行为，从而帮助企业避免再犯同样的错误，最终把失败的教训转化为财富，把成功的经验转化为能力。

2. 复盘可以促进企业战略

一个落地的成功复盘，能指导员工的行为，提高员工的内驱力和执行力，形成高质量的分析成果及行动计划。无论在战略层面、策略层面还是执行层面，复盘都能引导员工的反思。所以说，复盘可以使企业战略得到很好的执行，并将执行转化为绩效，使战略落地达成。

3. 复盘可以促进团队的学习

通过复盘现场的分析、输出，整个团队能达成高度的一致，对于团队目标会有更清晰的认识，同时有利于塑造团队文化，加强团队凝聚力。复盘就是团队的一个集体学习过程，企业管理者都希望自己的团队能形成自己独特的文化，因此必须学会使用复盘，使员工群体形成学习的习惯。

4. 复盘能提高个人能力

在企业做复盘的过程中，整个团队不仅能够沉淀文化，而且能使团队成员对企业文化产生强烈的认同感和责任感，同时培养每一位学员的企业理念、计划制定、组织演讲、领导及控制能力，这无疑是对个人能力的提升。团队是由每一个成员组成的，个人能力的提高，最终就会转化为团队的提升和强大。

复盘的意义也可以从四个角度考虑，通过图6-1中就可以清晰地看到第一个角度是目标。我们在进行复盘的过程中首先需要讨论的就是企业组织最初制定了什么目标，由谁制定的，以及是怎么制定。

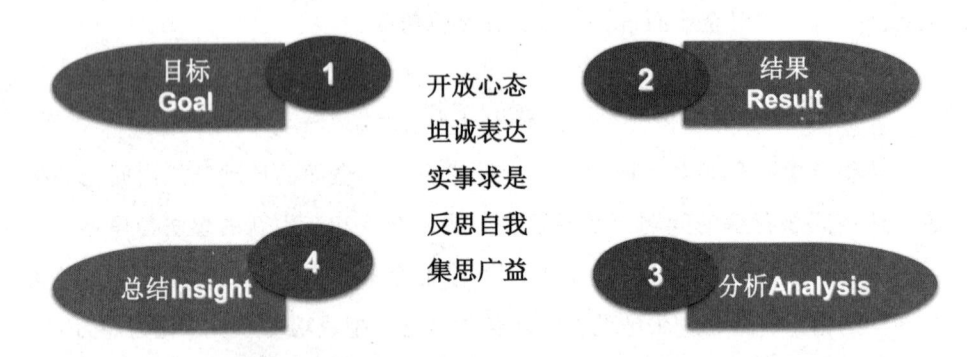

复盘的步骤：1. 回顾目标；2. 评估结果；3. 分析原因；4. 总结规律。

复盘的态度：开放心态，坦诚表达，实事求是，反思自我，集思广益。

图6-1 绩效复盘的意义

回顾一下整本书，我们在学习第一章的时候其实制定过一个绩效目标，还同时考虑了目标之后的梦想和计划的蓝图。所以我们在复盘的时候就需要思考，最初的目标是否实现了。这个目标可能是大家一起制定的，也可能是上级领导下达至组织成员一起分解的。

那么，这个目标最终的结果是怎样的呢？这是绩效复盘需要讨论的第二个角度，也就是企业组织或员工的绩效完成情况。我们需要把数据质量、数量、时间、方式及控制节点上的指标评价出来，这样就可以看出组织结果到底有没有实现。

如果结果与目标之间有很大差异，或者结果优于目标，应该怎么办呢？此时，就需要从绩效复盘的第三个角度分析。复盘分析过程需要做的事就是分析目标结果为什么没有达成，这其中可以汲取的经验教训是什么，以及有哪些可以保留的方法等。

在分析的过程，一定要注意需要分析主观原因和客观原因。主观原因就是我们自身经历了什么，付出了何种努力或犯过什么错误才导致目前的结果。客观原因就是指宏观和微观的一些现象，比如2020年底进行企业组织的分析时，很多领导或员工会认为之所以没完成目标，是因为新冠肺炎疫情使整个市场环境都受到了影响。

虽然疫情几乎使得每家企业都受到影响，但在相同的行业中，为什么有的企业盈利能力还是很强，为什么有的组织成员能完成目标？哪怕是在相同的企业中，为什么同事们都能完成，有些员工却完不成呢？这其实就暴露了很多问题。所以，在年底进行企业复盘分析的阶段，如果组织成员有目标未完成，却归责于环境原因时，就得考虑一下其他同行完成的效果如何。当组织领导开始思考这些问题的时候，其实很快就能分析到主观原因了。所以，事实如此，企业或许应该更多地从自身寻找原因，而不要总想着推脱责任。

有一家餐饮企业在疫情大环境的影响下被迫停业，在休息期间，老板突然发现所有的隔离点都出现了送餐的大问题。于是他立马主动请缨，把隔离点的餐饮配送等服务全都签了下来，结果没过多久，隔离点订餐数量增长特别多，送餐配餐服务出现了供不应求的情况。这家公司其实就是在危险中抓到了机会，同时还做了一份贡献。所以，很多时候，绩效就在于我们能否找好时机，抓住主动权。总去寻找客观原因，是不全面的，也不合适的。

复盘分析完后就进入第四个角度，即总结，也就是总览整个复盘过程与企业组织绩效管理成果的过程。我们从中能看到三个关键之处：一是经验，企业复盘分析完后会学习到很多成功的经验；二是教训，企业和组织成员有遇到过什么样的困难，从中获得的教训又是什么；三是下一步该怎么做，怎么继续发挥企业或组织成员的经验，才能更好地回避劣势或弥补不足。

这就是整个复盘表格的构成。另外，复盘过程中的心态保持也是很重要的一环，这个重点在于是否能开放心态，坦诚表达，实事求是，反思自我，集思广益。其实，在组织交流过程中，有时候很难做到坦诚表达，很多情况下开放心态和坦诚表达的状态在组织中是难能可贵的。而这些复盘的态度，才是影响复盘效果的最根本原因。

复盘的形式

复盘有三种形式：自我复盘、团队复盘和复盘他人。自我复盘可以随时进行，这是个人获得成长的方便手段。团队复盘可以让复盘主导人和成员获得成长。复盘他人则能够利用他人的事件让我们不花成本就获得成长，复盘他人的一种重要类型是复盘标杆。

1. 自我复盘

自我复盘是自己一个人对事件进行复盘，但如果在自我复盘的过程中能够借助高人的指点，那么就可以超越自己的层次，在一个更高的层面看待问题，自我复盘的结论也将更加可靠，也可能会复盘出更多的结论，也更有可能提升自己的能力，获得意想不到的收益。

所谓好记性不如烂笔头，在复盘中有所收获的时候，第一件要做的事情，就是立刻拿出纸笔，或者是在电脑上记下自己的所得，如果有可能，还应该详细记录下思考的过程以及得出结论的事项。这样，即使过了一段时间再回头看，还是可以追溯当时的逻辑，而情景的记录也有助于加深对复盘结论的印象。除了要注意记录之外，还要注意对复盘得出的规律加以应用。不应用、不实践，那得出的规律就仅仅是以一种知识的形态呈现，而没有转变成价值。

自我复盘中一个很大的问题是复盘者的自我欺骗，做不到无情地复盘自己。柳传志说："通过复盘总结经验教训，尤其是失败的事情要认真，不给自己留任何情面地把这个事想清楚，把事情想明白，然后就可以谋定而后动了。"

复盘很多时候意味着对以前做法的否定，而在很多人看来，这也就是对自我的否定。如果以前特别成功的话，这种否定就更加困难。不是自信心特别强的人，或者是特别求实的人做到这一点，不但难而且很痛苦，谁愿意承认自己是一个能力不行的人呢，即使说的只是过去的自己。

复盘不是程序，而是一种习惯。如果复盘成为习惯，"与复盘同呼吸共命运"，那么，在任何时间、任何地点、任何事件，复盘都是一个学习提高自己能力的机会。

2. 团队复盘

团队复盘是一个有很多人参与并期望得出"真知"的会议，它是由多人一起共同对某件事情进行复盘的讨论会而不是宣讲会。稍有不慎，讨论会要么因为无人愿意发言变成主持人的自弹自唱，要么变成争论会，两者都可能造成团队复盘的一无所得。

有人曾经在中国和美国的论坛上发表了一个帖子征求意见，作为一个金融专业毕业的学生，是去投资银行好一些还是去证券研究所好一些。随着讨论的深入，他发现了一些有趣的变化。在美国论坛的帖子中，人们会告诉他，投资银行和证券研究所一般是做什么的，收入是多少，适合什么样的人群。他可以参考这些内容，并根据自身的特点去选择合适的方向。但是在国内论坛的帖子中，讨论到后面渐渐就可能变成了谩骂。

所以团队复盘，不能流于形式走过场，不能是秋后算账的大会，不能是强调客观推卸责任的大会，不能是寻找替罪羊批斗的大会，而应该是探寻真相、求知求真的大会，是观点和思路交锋的大会，是验证逻辑的大会。

3. 复盘他人

所谓他山之石，可以攻玉。复盘他人，从他人做的事情中获得经验和教训，这是一种非常"划得来"的事情，因为你所复盘的事情并没有真正花成本去做，是别人用资源在你面前"演练"了一番。

复盘他人分为两种类型，一种是纯粹复他人的盘，看谁做哪件事情做得好，或者做得差。自己试着进行复盘，找出做得好或者差的原因，并找出做得关键点和规律，以便自己做的时候能够有一个好的结果。

另外一种是对比复盘。复盘他人之后，第一种可能出现的策略是跟风，这往往是弱小一方，比如小企业或者是创新能力不足的企业的首选。复盘他人之后，第二种可能出现的策略是借鉴，这往往是自有品牌且资源充足的企业所做的，它们不屑于跟风，但是能从竞争对手的行为中得到启发，从而提炼出不同的概念。复盘他人之后，第三种可能出现的策略是主动出击，这往往是有资源、有品牌、有能力的主体所采取的行为。因为资源的优势，这些企业也有能力发起不同的风暴。

由此可见,企业复盘不仅仅是企业整体或是领导层面的,而是需要企业全员共同参与进行的。对于复盘所采用的方法和形式,也需要认真思考决定。曾经有位人力资源管理老师接到某企业管理者的帮助请求,管理者认为自己的企业在跨部门人员沟通时有难度。而实际跨部门沟通的难度不在技术,重点在于员工的选择。组织成员间是否想沟通,是否愿意沟通,是否敢坦诚沟通,这是组织成员在绩效认知上的问题,而不是他们会不会进行沟通的问题。

复查表的介绍及使用

为了更好地进行绩效复盘的工作,我将为大家介绍一种方便实用的工具表单。但是在开始讲述工具表单之前,我还需要给大家一个提醒,那就是复盘带来的思考:一切皆有可能。一个企业组织中的员工有能力,企业也可以为其提供平台,那么员工愿不愿意做事就在于复盘能不能触动他的内心。

如果复盘过程能给员工带来内心的触动,令其准确地看到差异,那么员工或许就会愿意自我改变。企业有平台,员工有能力又愿意工作,这样的态度就等于是愿意进行复盘,那么复盘工作结束后将给企业带来的就是员工们更愿意做事情。认真复盘,从自身做起,企业组织复盘工作,人人有责。

表6-1就是复盘表。在复盘表中,目标是由企业组织进行修订的。复盘表主要是用于解决团队绩效责任改进和目标修订的问题。那么遵循上文的原则,原定关键目标内容在表格中预留了四项,这四项刚好就和之前讲述过的思维目标内容是保持一致的。考核标准就是需要填表者考虑到一些问题及实现的结果是什么,并从中制定标准,这时还需要与目标相一致。

原因和工作总结。工作原因可以分为主观原因、客观原因和其他原因。工作总结主要是指吸取的经验是什么,工作教训是什么,下周/月/年的工作计划又是什么,这些内容也需要一起填入这张表。很多企业组织在完成这张表的时候,可能特别懒惰。员工习惯了写报告总结,所以每年在个人绩效结束时可能都会写一个工作总结,比如,在管理者的领导下,在全体员工的努力下，我们攻坚克难，齐心协力取得了什么样的成绩。前途是光明的，道路是坎坷的，在未来我们要怎么做、要完成什么、还要如何如何，等等。这些慢慢都形成一个套路了，但实际上却根本起不到什么有意义的作用，还不如不写。

尝试用这张复盘表吧，它可以作为绩效体系的最后一张工具表格。既作为终点又作为起点。变终点为起点，就是从这儿来的。这张表也可以单独使用，也就是说，在学完这本书的内容后，可以把这个表格按照上面的内容填写，并作为下个月开始的工作总结。同时，还可以趁这个机会去看看员工会开始怎么改变，或许一开始他们会对领导者很纠结，很讨厌，但过不了多久，他们就渐渐感恩戴德，因为他们会发现自己的进步。

当一个员工在企业中工作一段时间后，他们如果能慢慢优化自己，那么在两三年之后总会有一天能发现自己的这些变化。很多员工在离职的时候表示对领导十分不满，就是因为他认为自己并没有获得一点点的自我成长，那这和前者唯一的差距，可能就在于企业的领导者在让团队进行每个周期绩效管理总结的时候是否使用复盘表。

要让企业组织中的员工在离开自己的平台或晋升时对领导者心存感谢还是对仇视呢？这个问题或许是值得我们去认真思索一下的。

表 6-1　复盘表

复盘表（目标自行修订定）							
原定（周、月、年）关键目标				实现（周、月、年）结果			
目标	考核目标	结果	备注	结果		差异	备注
……				……			

续表

个人工作总结				分析工作原因			
吸收经验					主观原因	客观原因	其他原因
工作教训				达成的原因			
下（周、月、年）工作计划							
				未达成原因			
备注：如有数据表单等可附件说明，每周期按时复盘提交电子版至部门管理者！							

本节课后作业：完成一次企业绩效复盘表。

复盘表（目标自行修订定）							
原定（周、月、年）关键目标				实现（周、月、年）结果			
目标	考核目标	结果	备注	结果		差异	备注
……				……			
个人工作总结				分析工作原因			
吸收经验					主观原因	客观原因	其他原因
工作教训				达成的原因			
下（周、月、年）工作计划							
				未达成原因			
备注：如有数据表单等可附件说明，每周期按时复盘提交电子版至部门管理者！							

第二节　绩效管理实施的问题分析和对策

关于探讨问题的部分，我们在第一章中讲过五大要素，但本节将从绩效管理的设计方面讲一讲绩效指标设计过程中可能出现的一些问题，比如考核打分指标设计的问题。

绩效管理问题的探讨

按照惯例，我们还是先用一个案例故事作引来展开对绩效管理问题的思考与探讨。大家一定都听过"衣冠禽兽"这个成语，现代汉语词典将这个成语的含义解释为"外表衣帽整齐，像个人，行为却如禽兽，比喻卑劣的人。"所以，这个成语在大众的印象中绝对是一个不折不扣的贬义词。

但其实这个成语的原意并非如此，在古代，"衣冠"作为权力的象征，历来受到统治阶级的重视，从明朝明太祖朱元璋开始，就有明文规定官员们的官服上需绣以飞"禽"走"兽"，来显示文武官的等级。这种等级制度，就此渐渐延续了下来。据明、清两史的《舆服志》记载，文官绣禽、武官绣兽，而且等级森严，不得逾越。"衣冠"上的"禽兽"与文武官员的品级一一对应。文官从一品至九品为：鹤、锦鸡、孔雀、雁、白鹇、鹭鸶、鸂鶒、黄鹂、鹌鹑、练雀。武官从一品至九品为：麒麟、狮、豹、虎、熊、彪、犀牛、海马。

所以，原本衣冠禽兽是一个褒义词，但是到明朝中晚期，官场腐败，文官爱钱，武将怕死，欺压百姓，无恶不作，百姓苦不堪言。于是，"衣冠禽兽"最终就慢慢演变成为非作歹、如同牲畜的贬义词了。

思索这个案例故事，明朝后期导致官场腐败的现象，或许也与当时皇帝的治理方式有关联。在古代，皇帝管理朝堂国家，处理奏折事件，和如今企业组织的领导者发展企业规模、管理组织员工很类似。

一个企业在绩效管理中出现了很多问题，却无法或不去解决，这将带来很糟糕的结果。这些结果最终还是要自食，甚至殃及池鱼。历史虽已无法挽回，但当下和未来还是可以补救的。如今企业组织所面对的绩效管理问题其实有很多。

> 1、理解失误：能位错论，聚焦绩效
> 2、面面俱到：贪大求全，去伪存真
> 3、数据失真：弄虚作假，权责对应
> 4、马虎应付：全力应付，全力以赴
> 5、避重就轻：心存顾虑，连坐机制
> 6、未虑应用：流于形式，因地制宜
> 7、难于量化：行为难控，一地一策
> 8、常见的考评者问题

图 6-2　常见的问题、困难及解决思路

1. 理解失误

很多企业组织中的领导者在进行绩效管理的过程中，理解失误在能位错论上。在整个绩效管理设计的过程中，企业没有聚焦绩效，而仅仅是在完成任务。那么为什么会出现这个问题？其实原因是企业组织在最开始进行梦想链接梦想的部分时，就没有和团队表达清楚。所以在众多绩效管理设计的问题中，需要探讨的第一个问题就是理解失误，即认知问题。

我们为什么在这一节中又重新提出这个问题呢？其一是因为本节中对这个问题的讲述会比之前更加细化，其二是因为企业组织需要找到相应的对策方法，就是要聚焦于绩效。

绩效是企业组织想要的，而企业组织想要的绩效数量、结果和行为背后需要能够给企业带来愿景。如果这些所需无法依靠绩效带来，企业组织本身也没有愿景价值，那么对员工而言，他们也是无法被触动的。

如此分析，我们不难明白能位错论、认知产生错误的原因，就在于绩效所带来的背后价值对组织成员没有吸引力，不够让他们心甘情愿地为之奋斗。所以各级管理者在推动绩效的过程中，一定要在这一部分做足文章。很多企业组织的领导者都不够重视对企业梦想价值的认识，而是全心全意只想要"一口吃成大胖子"，只去学习绩效管理的实施方法。但我们都知道，世上没有一步登天的办法，道路不对，把后续弄得看似越好，其实内里问题越大。

很多情况下，如果企业组织中的员工们自己还没做好思想准备，领导者又非得教他们方法的话，员工们往往会难以接受，基本都会表达拒绝的。

2. 面面俱到

有很多企业组织在进行绩效管理的过程中，并没有按照八步骤的指标对企业目标愿景进行分解。这就导致企业组织的指标体系过于全面，但这种体系看似工整，实际上是冗余的。曾经有一个企业针对基层员工就制定七大多项指标，先不说这个企业体系在制定指标时有没有进行目标分解，这其中哪些是真指标，哪些是假指标，企业组织的领导者是否有过思考？

这样的指标会造成的后果就是员工们不敢提绩效考核，一旦提起绩效考核，可能就会导致员工内心的害怕与逃避。这是为什么呢？原因很简单，因为指标涉及的范围很多，所以考核也会涉及方方面面。这样看起来又费时间又耗力，而实用性却不见得多么优秀。

所以遇见这种情况的时候，企业组织需要做的就是对企业指标去伪存真。使用本书中介绍的目标分解八步骤，用八步表单把企业目标分析清楚，去伪存真后，就能得出真正的绩效考核指标。

3. 数据失真

关于数据失真这个情况，其实是一个弄虚作假的事情。在现实生活中，有的企业组织为了使自己的绩效指标达标或显示的数据符合上级心意，甚至为了自己的业绩成果看起来更加优秀，有时就会篡改数据，弄虚作假。对于使用数据失真这一手段，很多企业需要采取的应对方式则是权责对应管理法。

虽说现在是法治社会，但其实我们国家的很多企业组织都有个共同的特点，那就是在人性这部分总是做得游刃有余。比如，当企业组织要招聘员工时，通常都会告知公司是有权利做什么事的，但是很多时候招聘的组织员工往往都是小错不断、大错不犯。企业看似没什么损失，实则在发展中总会遇到不少的磕磕绊绊。所以很多企业在面对数据指标时，权责对应可能没有对应好。

既然组织中有员工敢弄虚作假，那一旦发现，只要权责对应起来，就要以正常的惩罚作为有效的解决方式。数据失真的情况基本上都是人为的，而这种情况本身其实没有什么，只是组织员工并不认真工作，也不愿意把实际数据展示出来，毕竟他们都会害怕把自己的不足之处暴露出来。

4. 马虎应对

对于这个部分，可能会有人产生疑问，马虎应对和第三个数据失真的问题是不是一样呢？不是的，马虎应付是组织员工的心态问题，而数据失真则是组织员工为了获取利益进行的行为。

那么问题又来了，作为企业组织中的一员，无论是领导者还是员工，大家到底是全力以赴，还是全力应付？答案当然是全力以赴。那么，在平时的工作中，在绩效管理的过程中，我们到底是在全力应付还是全力以赴，就只能扪心自问了。有很多人在工作中面对要处理的事务时都是全力应付的，那么要如何去检验并发现这部分偷懒的员工，也成为一个需要考虑的问题。

在这里介绍一个小工具，企业组织可以用于做简单筛查。我们可以思考一下，在公司里工作这么多年，曾经和谁因为工作努力吵过架，又因为工作努力而感动过谁，当然这里提到的感动是内心的情绪感受。当问完这两个问题后，如果一个员工从没有感动过，也没有和任何人吵过架，也就是说这位员工没有全力以赴做过一件事情，所以才没有因努力而感动别人或自己。

全力以赴的组织员工往往就是把职业当事业，把企业当家业了。企业组织的领导者就应该扛起企业的责任，全力工作，处理好工作中的各种事务。但如果是全力应付，那就实在太对不住企业组织的期望与报酬和收入了。

5. 避重就轻

企业组织中的员工之所以会避重就轻，很可能是因为他们心存顾虑。其实，很多因素都可能导致员工心存顾虑，所以为了解决企业中的这种现象，对连坐机制的使用选择真是当仁不让。毕竟在做绩效考核的时候，如果团队业绩不好，这将影响整个团队的士气或者收益。

企业领导者有时会心存顾虑地设计一些指标，从而导致员工会有拈轻怕重的情况出现。这时我们往往不难发现，企业组织会寻找一些不痛不痒的指标，作为绩效标准进行考核。那么，既然指标设定者和绩效考核者不愿意去得罪他人，那么就采取连坐机制来改善吧。

连坐机制加上关联指标，就能够使团队与管理者、管理者与管理者，团队与团队成员之间建立起一些关联性的指标。如果出现问题，那么企业组织全体都得承担这个责任，这时监督机制自然就出现了，最终组织成员心存顾虑的想法也自然就没了。

6. 未虑应用

有些企业组织的绩效考核结果其实是没用的，大家或许从来没有思考过，这个结果是否真实，所以就会出现全力应付的情况。那么遇见这个问题，企业组织该怎么解决呢？其实只需要因地制宜就可以了。

因为业务不同，组织成员所属的团队也不一样，所以我们需要在公司内部的各个部门中制定符合所属部门个性化的特有绩效指标体系。但是在最初目标分解的过程中，企业组织的愿景目标一定要是团队成员共同创建出来的。这样适合各自部门的绩效管理方式，在承载了组织分配的目标之后，还可以再建立个性化的、因地制宜的指标体系。

7. 指标难于量化

既然行为难控，企业就可以采取一地一策的方式。不一定要定量，有的指标也可以定性，将指标体系增加了定性的部分，那就是一地一策了。

8. 常见的考评者问题

那么考评者都有哪些问题？我们都了解，组织中的成员既可以成为被考评者，也可以成为考评者。对于成为考评者的组织成员而言，他们既可以是上级，也可以是下级，甚至可以是同级或客户，这就是全方位的"360"考核。

上级考核过程可能出现的问题相对要少一些，毕竟上级在组织里基本能做到公平公正。但是同级考核往往就不敢恭维了，同级之间的考核初心是什么，这个很难说清楚。有时，有些组织员工的认知水平、文化程度等都决定了他们最终的打分结果。有些组织员工在打分的时候，甚至考虑的不是被考核者的绩效、能力与成果，而是和谁的关系亲近，就给谁打高分，不亲近的则给出低分的结果。曾经在某课堂上，一位老师做过一个测试，让学员们都从诚信角度进行绩效结果的打分，很多学员打出了让人尴尬的分数。

还有一类情况就是，在企业组织中员工相互间评分的时候，总会出现"你好我好大家好；谁给我打多少分，我就给谁打多少"等情况，这就已经不再是对绩效结果打分了，这些情况下出现的分数已经失去其原本该有的意义。

其实，360度全方位打分是可以监督的，但其实在很多情况下则是"没有不透风的墙"，组织员工怎么可能会主动给自己的领导穿"小鞋"呢？他们怕的从来都是领导让他们"没鞋穿"。既然如此，这就导致了很多考核是流于形式的。如果企业组织能做到公开，公正，公平且透明，或许企业的绩效管理评估还可以有点效果，但如果不是真的这样去做，那么绩效管理将会很难做。

有人学到这里可能会提出想法：既然企业组织内部相互评价存在这么多的问题情况，那不如去找客户开展吧，客户是个外人总可以公证。虽然客户不是企业组织内部的员工，但客户与企业之间毕竟是利益关系。客户怎么可能为了企业组织中发生的绩效管理问题而费心呢？客户的选择当然是谁给他们带来利益，他们就给谁打高分。如果企业组织的采购和业务客户都说某个组织成员好，也许那就是有问题的了。

我们在之前讲述过的五类宏观问题上，深度解析了八类问题的应对策略与思路，也带着大家一起思考了每种问题产生的原因。

绩效考评结果的应用

接下来，我们再一起看看绩效结果的应用。绩效结果应用在之前的章节中其实已经讲过，所以本节所讲的六大方向也只是进行重申，并给大家提醒绩效结果可以应用的几个方面：晋升，职位调整；加薪，薪酬调整；外训，学习成长地图；轮岗，人事调整；针对，职业规划；优劣，员工分级分析。每一条展开来讲，那就是：

1. 检讨企业目标达成状况。了解企业目标达成程度，修正工作策略，改进工作方式。

2. 检讨员工绩效提升状况。发掘员工的潜力，提供发展的舞台；发现员工的不足，指出努力的方向。检讨组织效率改善程度。总结好的经验，推而广之；发现工作短板，制订改善方案。

3. 与薪酬挂钩。客观评价员工的付出，提供工资、奖金发放依据，不与薪酬挂钩的考核毫无意义。考核只有与员工利益和薪酬挂钩，才能引起上上下下的高度重视和积极参与。

4. 辞退不称职员工。凡是管理规范的企业，不达标或不称职的员工不能上岗。不称职的员工在岗位上工作，不仅可能造成企业绩效的损失，也有很大可能造成自身的伤害。淘汰不合格的员工是对企业负责、对社会负责，也是对员工本人负责。

6. 绩效面谈依据。帮助员工进步是绩效管理的首要任务。管理者在分析员工绩效考核结果之后，要和员工面对面沟通，肯定员工的进步，指出存在的不足，挖掘员工的潜力，规划未来的发展。企业需要将面谈结果记录归档，防止走过场、搞形式。面谈有无实质作用也要成为上级主管的考核内容之一。

7. 培训选择依据。通过全面的绩效分析总结，找出企业整体不足，明确改善的方向和重点，确定企业培训的主题和重点。

8. 管理变革依据。坚持长期绩效考核的企业，通过与同行业比较分析，找出企业短板，就能有的放矢制订管理变革方案。

绩效结果应用是一个体系，但是对于企业组织的绩效，如果仅仅是使用分粥方式，那就显得过于单调，甚至有些苍白了。

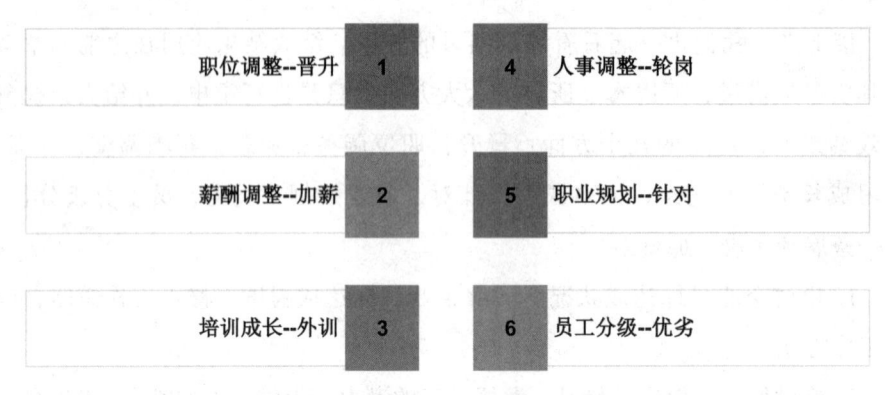

职位调整--晋升	1		4	人事调整--轮岗
薪酬调整--加薪	2		5	职业规划--针对
培训成长--外训	3		6	员工分级--优劣

图6-3 绩效考评结果的运用

本节作业：课后作业：分析一下本企业的绩效问题状况，找准企业的问题对策，对症下药，解决企业绩效设计过程中的实际问题。

第三节 绩效激励和吸引力法则

我们已经在之前的内容中学习完绩效管理的整个循环，但是谈绩效不说激励，总觉得少了一部分，那么，本节将和大家一起了解讨论的是关于绩效激励的内容，比如薪酬。关于薪酬，本节中不会讨论货币薪酬的部分，因为本书主要研究绩效管理，薪酬设计内容太多了，篇幅不够，所以我们不讨论货币薪酬，而是了解学习个人魅力、个人文化激励及组织的精神。

为了使大家更好地掌握激励的内容与实践方法，我们也会提供并介绍几个工具。这些工具也有助于企业组织在推动绩效管理过程中，使每一位组织成员发挥自己的自身情怀和价值概念。

绩效激励设计的思路

在开始进行绩效激励设计的思路之前，企业组织首先需要做到的是了解激励的概念、种类与作用方式。所谓绩效激励，是指为实现组织发展战略和目标，采用科学的方法，通过对员工个人或群体的行为表现、劳动态度和工作业绩及综合素质的全面检测考核、分析和评价，充分调动员工的积极性、主动性和创造性的活动过程。简而言之，绩效管理就是企业运用某种管理方式来激励员工为实现包括员工个人目标在内的组织目标而奋斗。

激励方式的选择和运用直接关系着组织绩效管理的效果，进而对组织目标的实现有着深远的影响。尤其是人本化管理观念的进一步输入和发展，对我国传统的人力资源管理方式和管理理念形成了巨大的冲击和挑战。如何获取人才，用好人才，培育人才，激励人才和留住人才，已成为企业必须考虑的问题。因而，从人性的角度出发，如何建立一套有效的绩效激励制度，对内激励员工，对外树立企业的形象，扩大企业人才的吸引力，已成为企业是否能在新时代以人才为基础的科技竞争中获取优势的根本保证。

激励作为一种能够调动组织成员的积极性行为和管理手段，一直受到企业的重视。它通常分为物质激励与精神激励两种。

企业组织成员往往既需要物质奖励，又需要精神激励。一方面，每个人都有私心，都希望他人能够满足自己的需要，实现自己的价值。另一方面，每个人也都有善心，也希望能够被人需要，满足别人的需要。因此企业组织的领导者，既要懂得尊重下属的"私心"，又要懂得激发下属的"善心"。只有物质激励的话，有可能会激起人们不良的欲望，私心就会膨胀，而只有精神激励的话，则有可能会削弱人们对善良的追求，善心就会泯灭。所以在给予企业组织成员物质奖励的同时，也要注重精神上的鼓励。

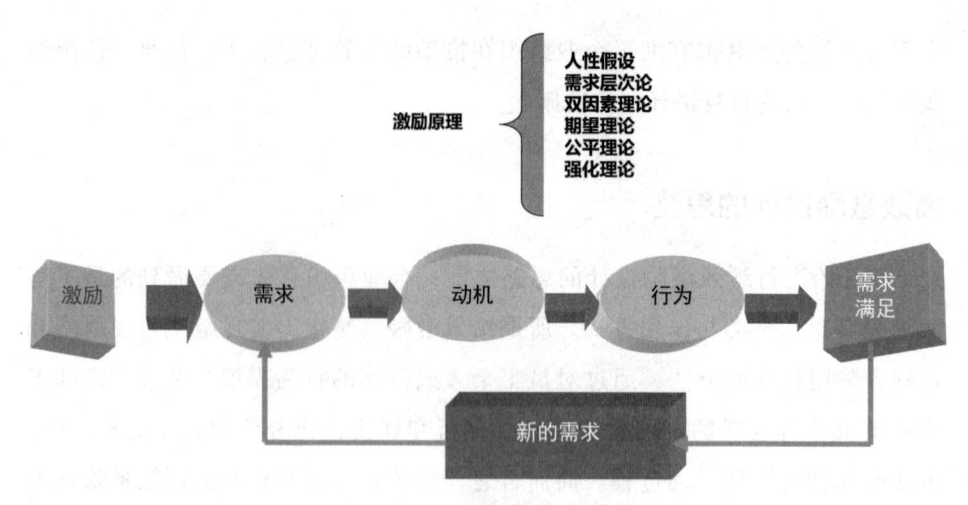

激励原理 { 人性假设 / 需求层次论 / 双因素理论 / 期望理论 / 公平理论 / 强化理论 }

激励 → 需求 → 动机 → 行为 → 需求满足

新的需求

图 6-4 物质和精神激励

在当今时代下，单纯靠精神激励，不附加相应的物质保障是无法培养企业组织成员的工作激情的。那么究竟要怎样分配两种奖励的比例，才能更好地发挥到理想的作用呢？这就需要根据组织成员当前所处位置及阶段来分别采用。在企业组织中，激励往往可以使员工加大干劲，在原来的基础上会付出更大的努力，把事情做得更好。

适当的精神和物质奖励是激励企业领导者的"提神剂"，它既能增强成员的成就感，又能树好典型，形成创先争优的良好氛围。要坚持精神奖励与物质奖励、奖人与奖事相结合，在现有政策范围内，加大绩效奖励比重，进一步提高奖励含金量，让付出得到回报，让耕耘得到收获。

那么想要做好企业组织的绩效激励，我们就需要了解并遵循一定的原则。而无论是物质奖励还是精神激励，以下四个原则都需要认真遵循。

1. 及时性原则

不管是用货币奖励（比如涨薪），还是口头表扬（比如发放奖杯），激励组织成员一定要及时。如果该激励的时机来了，却没把握好而错过，之后即使延期补给也失去了激励原本的意义和作用。所以当最好的激励时间到了，领导者就需要尽量把握，及时给予员工激励，以保证达到激励带来的最大效果。

2. 同一性原则

也就是同样的贡献，同样的付出，同样的报酬，同样的表彰。企业组织不能在一个团队中做两样事，也就是说，对有着同样付出和贡献的员工，给出不一样的报酬或待遇。这样是最忌讳，而且是最失败的，因为这代表了不公平，不公正，会使得企业领导者失去公信度，从而引起员工们的不满。

还有一种情况就是，有些组织的奖励是因人而定，因为某位员工和企业组织中的领导者有什么关系，所以待遇就会高于其他同样职位或付出相同程度的员工，这种情况造就了很多企业组织出现人员流失的情况。

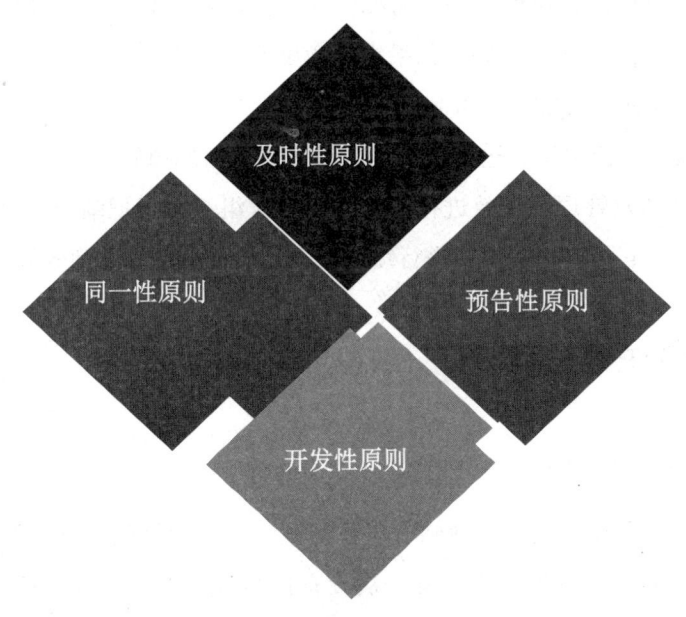

图 6-5 绩效激励四原则

3. 预告性原则

企业组织在面对组织成员时不管是奖励还是惩处（尤其是惩处措施），一定要及时预告，让员工心里有一个准备，并尽快调整好情绪。如果是正激励或许还好，组织成员一激动，可能也就只是高兴一下，但如果是负激励呢？那组织成员一激动可能就会无法预料的糟糕后果。所以，企业组织在激励员工前需要遵循预告性原则。

4. 开发性原则

不管物质激励还是精神激励，都需要遵循的开发性原则。无论企业组织对待组织成员是奖励还是惩处，最终为他们带来的都是一种成长。奖励方面，比如货币奖励（涨薪等）会使员工们的生活条件改变，活得更加幸福；学习奖励，可以让员工们在能力和技术上变得更优秀。

而惩处方面，企业组织一定需要做到惩前毖后。只有这样才能使员工醒悟，并获得改进，变得更好。如果绩效激励时不带有开发性质，那企业组织得到的绩效结果就可能会适得其反。

以上就是企业组织在进行组织激励时需要遵循的原则性工具，也就是说，如今在推动绩效管理和绩效进行的时候，企业组织需要把绩效激励的原则利用起来，因为它可以让我们在进行绩效激励的过程中更快看到效果。

绩效激励的方式与阶段

1. 文化适应阶段

员工从没有日常工作计划到有工作计划；上下级之间从不共同设定工作目标到能坐到一起设置工作目标，从没有机会就工作绩效进行反馈和指导，到双方能够自然、客观地坐在一起，探讨工作完成情况和改善工作的方法，这些转变，无论是从管理方法还是工作模式上，对员工和管理者而言都是一种全新的探索和艰难的适应过程。

在这一阶段，首先要让员工和管理者知道要怎样做，习惯于这样做，并从这一过程中感到有收获；至于考核什么指标，指标选得准不准，都已经不是最重要的（因为还不需与薪酬挂钩），更别说还要根据结果实际扣钱了。这就是绩效的试运行前期，先执行起来再说。

同时，考核数据的提供也是关键性的基础，需要相关人员形成建立绩效台账，随时记录绩效数据的习惯。事情虽然小而简单，但形成习惯是非常困难的。可如果连简单的小事都做不好，那绩效考核也就成为空中楼阁，成了上级拍脑袋的事情。

在这一阶段最关键的是培训。

2. 习惯固化阶段

通过前一阶段，员工和管理者知道怎样做，习惯于这样做了，并且管理者感受到管理目标清晰之后，工作压力也就向下传递了。员工的积极性提高了，绩效沟通使上下级理解加深了，员工就会从这一过程中感到工作的自主性提高了，工作目标和标准清楚了，还能够从上级得到一些有益的工作指导和资源支持，其自我的职业化程度也加强了。这样让员工见到了好处，吃到了甜头，形成了习惯，之后再探讨考核哪些指标，指标选择是否合理，以及完成工作的标准是否恰当的问题。

这个时候，组织成员们就能够专心探讨这些深入细致的问题，并从逻辑和效果上（而不是从部门和个人利益上）探讨怎样对工作开展最有利，效果最好（因为这阶段还不需与薪酬挂钩）。他们可以客观地设定工作目标、成果标准等，合理地分解工作，探讨工作的开展方式方法。这就是绩效的试运行后期，先执行起来再讨论、完善、解决出现的各类可能意想不到的问题。

通过绩效的模拟运行，上级对下级的独立开展工作的能力、特长、短处、思维工作习惯等方面都具备较清楚的了解了，也就不会有不切实际的预期，不会头脑发热地乱设目标了。同时，他们对下级人员该培训的建议培训，该指导的给予指导，从能力和方法上让下级具备良好的绩效考核基础。

这一阶段最关键的是部门内部、上下级之间的研讨。

3. 逐步改善，精益求精

工作习惯形成了，上下级之间更深入地了解了，相对客观、合理的目标和工作标准拟定出来了，才可能正式地运行绩效体系。这个阶段关键是对直线管理人员的绩效管理过程进行跟踪和辅导，随时发现和解决问题。做好第一轮的绩效申诉处理工作，使员工从错误的方式、做法、想法中脱离出来。

这一阶段最关键的是跟踪和辅导。

4. 体系自动运行阶段

在这一阶段，掌握了方法，形成了习惯，见到了成效，尝到了甜头（或苦头）。员工认为，"让我做"的事变成了一件"我想做"的事，一件麻烦事变成了一件自然而然的事，绩效管理体系就可以自动运行了。同时，各部门还会自己发现问题，解决问题，根据本部门的独特性进行改良，完善方法。

这一阶段最关键的是自我管理。

创新激励手段

在了解企业绩效激励的阶段与方法之后，接下来再一起看看新时代下创新激励的手段。或许会有很多人认为，用钱去激励组织成员是最好且便捷的方式，但其实还有以下几个方法比货币激励方式有效得多。

1. 动之以情怀。我们之前的内容中有讲述，企业组织在最初梦想链接梦想的阶段，就一定要把情怀凝聚起来，这样才可以在进行绩效激励时，对员工们动之以情。

2. 晓之以理。将道理逻辑关系向企业组织成员讲清楚，那么员工就能明白其中含义，也不会添乱。

3. 激之以义。义就是义气，企业组织对待自己的组织成员，需要讲义气，主动承担一些责任，这样才能更好地激励员工。

4. 诱之以利。企业组织在进行绩效激励时，不是不讲利益，而是要合理奖励，并思考如何讲利。利益是君子爱财，取之有道，我们应该激励自己企业组织中的员工，用自己的人力资本去获得相应的利益奖励，投入产出、投入市场之后再评价并获取自己的价值。

一个企业组织在绩效管理过程中，用情怀、理想、义薄云天来激励团队成员凝聚起来，形成势能，最终一定可以获得利益。几乎没有企业组织成员是带着团队先赚取利益，之后才会产生义气、情怀和理想的。所以，利益倒过来最为首要的激励方式，见利而忘义，无义更无情，无情不讲理了，所以倒过来激励就是不成立的。

其实在现实中，很多都是为利益而存在的团队，而有理想、有情怀、讲义气的才是真正的团队。所以一个团队要想有组织文化，是先有动之以情，晓之以理，激之以义，然后再有企业文化。通过企业文化凝聚企业组织成员，只有大家在一起才能获得更多的利益。

从创新激励的角度，在一个新阶段，如果企业组织想要吸引成员更好凝聚，就需要修炼自己的情怀，把所有负面的情绪暂时放下来，塑造自己的理想，然后再去提升自己义薄云天的状态。最终与所有组织成员一起形成属于企业组织的独特文化，那么就会吸引更多的组织成员，最后形成利益，带来收益。

我们在这一节了解并学习了绩效激励的含义、方法与意义之后，可以在自己的企业组织中尝试一下，先修炼自己，才能成就别人。

> 本节作业
>
> 分析自我吸引力法则，解决非物质激励应用不足问题。

第四节　绩效的心激励魔力

在上一节中，我们讲述了企业组织绩效激励设计，重点了解的是文化和精神领域的激励，以及如何带着情怀去推进绩效激励。本节将继续和大家一起探讨，对于新时代的"80后""90后"以及企业组织高层管理人员进行绩效激励时，又有什么方式或需要注意什么。接下来就一起看看新时代、新生代的一些激励思路。

新时代的四"心"激励法

除了上一节了解过的创新激励，在新时代企业组织还要推行四"心"管理。一个企业组织成员在推动绩效的时候之所以推进得有效率，原因很简单，那就是员工对这位组织领导管理者崇敬，或对他爱慕。

当组织员工有了这样的情绪状态后，他们就会升华，变得更为积极。组织员工崇敬是因为企业领导者有德有才，员工爱慕是因为领导者有血有肉。所以组织员工崇敬他，爱慕他，这样员工就会自己升华自己，激活自己，积极进取，为工作与梦想打拼。

毕竟人心都是肉长的。企业组织完成一半，另外一半就会有其他的组织成员接替起来。但要想组织员工对领导者有崇敬之心，就需要我们自身有着优秀品质或可以仰仗的才能，即德才兼备。

德是品德，品德有很多，比如诚信、责任等。才是指才能，比如高超的技术或机智的头脑。有德有才，才能度高超，专业度优秀，态度也保持端正。既能阳春白雪，又能下里巴人，既能讲中国梦还能跟员工一起在路边吃小吃——接地气，这样才能出精品。

所以，对于员工的崇敬之心、爱慕之心，如果企业组织把这方面做好，员工就会自发地升华，并产生积极之心，这就是四"心"管理模型。

这个模型是彭凯平教授在他的积极心理学中最先提出来的一个概念，它在今天的企业绩效管理方法中也依旧是一种很好的方法模板。这个模型能教会企业组织的领导者紧紧抓住人心，其实当组织成员们的心有一把锁打开之后，员工们就会被激活、被激发。

那如何才能打开组织成员们的心呢？那就需要组织成员对企业的领导者有崇敬之心与爱慕之心。也就是说，我们自己先要修炼，不仅铸造自己的品德，还要提升自己的品德，并不断修炼与精进自己的技能，在和组织员工们相处时还要"有血有肉"，即接得地气。

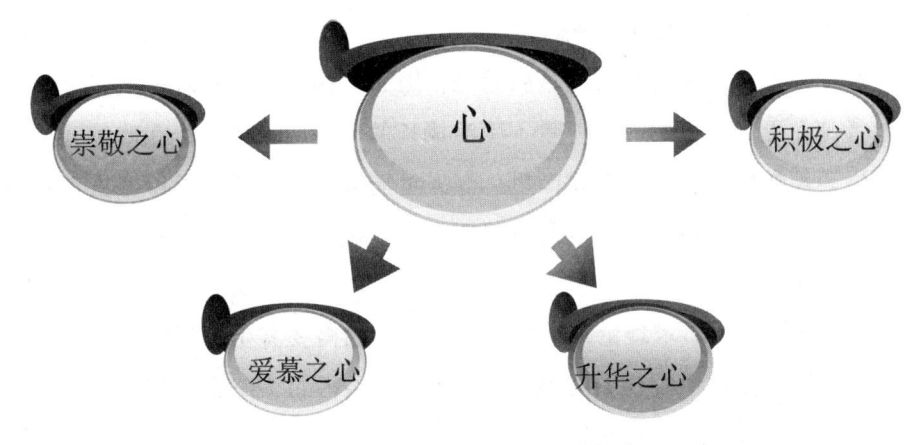

图 6-6 四"心"激励法模型

举个例子，电视剧《欢乐颂》中有一个角色叫安迪，是演员刘涛扮演的。这个角色在剧中是一个企业的高管。但是这位高管如果不是受到同楼层的几个小姑娘影响，她就是一个"不食人间烟火"的高管形象。而如果企业高管"不食人间烟火"，那她就很难融入组织团队，而无法融入组织团队的管理者又怎么能带领好团队呢？

所以一位领导者需要品德好，技能高，同时又知人间冷暖。就像安迪，她的品德技能都挺好，为人也善良，同时又很有才华，但最初她十分不接地气，连日常生活中的一些基本常识都不知道，她也不那么容易捕捉到大小问题，所以在工作中总会产生一些误会。

那么只有当领导者有德有才，又接地气时，他才能融入组织团队，从而把团队中的成员都凝聚起来。毕竟人与人之间是彼此成就的，当企业组织的员工对领导者有了崇敬之心和爱慕之心，员工就会喜欢和我们一起工作打拼，毕竟和这样的领导者在一起工作生活，员工也能察觉到自己的改变，即能力升华与积极心态。

新生代绩效激励设计

接下来再来讲讲新生代绩效激励的设计思路，首先介绍一下六感激励模型，即新生代设计思路的六种感觉。

为什么在这个部分要讲的是感觉呢？因为"80后""90后"组织员工和领导者是在更为美好的时代背景下生活成长的，他们大部分生在改革开放的春天里，长在阳光下，活在花园里。有人可能会反驳，说这批年轻人其实生活压力很大，但那是经济发展与挑战所带来的新时代压力，总的来讲，他们的生活是安全的。

按照马斯洛的需求理论，其中较为低层次的需要有生理的需要和安全的需要，但是对于这个时代中的年轻人来说，已经不再为吃饱穿暖发愁了，他们更多的是追求自我实现的需要。

1. 六感激励模型第一层：安全感

当代年轻人需要的是一种安全感。什么是安全感，有钱就有安全感吗？当然不是，安全感是指一种感觉，是一种认知。人类通常如何获取外界的感知？靠的是听觉、视觉、嗅觉、味觉、触觉。那么安全的获得是怎样的？比如一次漫长的课程学习快结束了，学员挺开心，并且真的从课程中学到了东西并为己所用，那么这也算是一种在学习中获得的安全感。

我们在前面的内容中曾讲过，企业组织员工能看到什么、听到什么，感受到什么，这种安全的意识很重要，这些不是单纯由企业组织通过提供货币（涨薪）就能获得的。就像在疫情环境下，员工看到了防护设备，看到防护服、口罩、消毒液，他们就会觉得比较安全。

在组织员工亲眼看到之后，感官的反应和大脑认知会使得他们感觉安全。但安全感并不代表安逸，毕竟如果感受的是安逸，那么员工可能就开始不再努力了。

所以有时我们会发现，一些小企业默默经营，其规模或收入竟然渐渐超过了大企业。发生这种现象的原因很简单，那就是小企业总会有一种生存压力，对小企业而言，他们能平稳运营就算是拥有了安全感，但是这样的安全感并不是绝对意义上的安全感，它是一种相对的存在。也就是说，企业在市场环境下生存的过程中，既有意识到的安全感，又有挑战性的安全感。安全感不等于拥有钱财，那只是一种感觉，这种感觉在当下就是一种心理存在的意识。

2. 六感激励模型第二层：存在感

存在感是什么呢？就是被别人关注的感觉。我们在企业组织中往往不难发现，现在的"80后""90后"后员工或领导者都有一个特点，那就是喜欢被人关注。企业组织如果稍有一点儿不注意他们，他们的心理可能就会出现一种失落感。比如，开会的时候让这类员工下班而留下其他同事继续开会，那么这时他们可能就会觉得自己没有存在感，又或者上班时领导给每个人都打招呼了，唯独落下这位员工，那么他们也会产生自己没有存在感的想法。所以，存在感本身就是一种对自己的信心，本来就是一种激励。

企业组织想和谐有道，那领导者就一定要给到员工存在感，而且存在感能起到的作用效果往往只有一周，那么我们就应该把握这种规律，一周给员工一次"存在感"。

3. 六感激励模型第三层：参与感

只要有了存在感，大部分组织员工就愿意参与各种活动、项目及企划，也就是参与感。

企业组织成员一旦有了存在感，愿意参与到组织中去时，他们就会愿意跟着一个组织进步。与企业组织共同成长的时间久了，他们还会产生企业组织的归属感。

4. 六感激励模型第四层：归属感

员工对企业组织的归属感增强，是一个好的现象还是不好的现象呢？其实对于企业而言，员工归属感需要适当，并不是越强就越能证明归属，就越好，有时太强反而会带来问题。举个例子，假如有一天，有位员工晚上出去聚餐吃饭，在回家的路上发现一位母亲带着她的孩子在周边散步，这位员工认为小孩子样貌有些丑陋，于是当着孩子母亲的面说了出来。那么这位母亲会有什么反应呢？她会回复说："对不起，先生，我儿子长得太丑了，我带回去，不影响你散步看风景。"这样吗？不会的，她肯定会生气地和这位员工进行理论，证明她的孩子并不丑陋，直到员工也同意她的观点。

这位妈妈的行为其实也是一种归属感，而且是绝对意义上的归属感，但这种强烈的归属感使得她不能接受自己的孩子不够完美，此时就出现了遮蔽效应。遮蔽效应是指故意把一些欠缺或不足遮蔽起来，不让别人看见。所以将这样的事件类比进企业组织中，就更好理解了，当组织成员归属感特别强时，他们会忽略组织中产生的一些问题，甚至主动忽略、掩盖这些瑕疵，这些行为其实对团队而言是没有太多好处的。所以，员工对企业组织的归属感到一定程度就可以了。

5. 六感激励模型第五层：成就感

员工们愿意参与组织事务，就会带来很多归属感，那怎么才能平衡好归属感呢？很简单，就是要善于赋予和利用员工的成就感。当组织成员把员工推到一个更大的平台上时，他们对原来组织的归属感就会慢慢淡化了。

比如，将一个经理提拔为副总裁，那么作为经理时，他可能会对自己所在部门的瑕疵视而不见，甚至遮蔽，但当他成为副总裁之后，可能就可以去直面这一问题了，这也是成就感打破了原有的归属感。但当员工一旦成为副总裁后，他获得的成就感背后还附带着责任感，他可能会为了自己肩上的责任和新产生的成就感，而去揭发曾经所属部门存在的问题，并帮助和督促员工改正。所以，虽然员工归属感不能太强，会产生遮蔽效应，但想要打破这种遮蔽效应，靠获得成就感就可以了。

6. 六感激励模型第六层：荣耀感

组织员工一旦拥有了成就感且有成长、有成就时，他们慢慢地也会产生荣耀感。当企业组织中的员工有了荣耀感，那么这个员工与企业组织就融为了一体。他就变成了组织忠实的粉丝，会长久地待在组织中，并为其鞠躬尽瘁。荣耀感是组织最终形成的文化精神。其实没有货币激励仍旧能激发团队荣耀感，虽然货币用于激励员工本来挺好的，但有时企业组织不曾想到，当货币成为唯一的激励手段后，组织员工们连最后的荣耀感都没有了。

所以，企业领导者需要为企业组织做的新生代激励其实有两条线，本节中所讲述的是与货币没有关系的线路，它是安全感、存在感、参与感、归属感、成就感以及荣耀感的线路。

企业领导者在给自己所在的企业团队这六种感觉的同时，还要，把握好四个度。首先组织成员要相信自己企业的文化，这样才能把这些文化内容、内涵、价值与意义进行解释，并传递给其他成员听，之后再进行实际践行，最终以实践为证，证明给后面新加入组织的成员去看。

此时前人就形成了标杆，企业组织就可以让新的团队在前人那里感到安全感、存在感、参与感、归属感、成就感与荣耀感。而对于新时代的激励方法中，这六种感觉比较符合"80后""90后"企业团队的需求，同时也是他们是比较重要的一种新的激励思维方式。

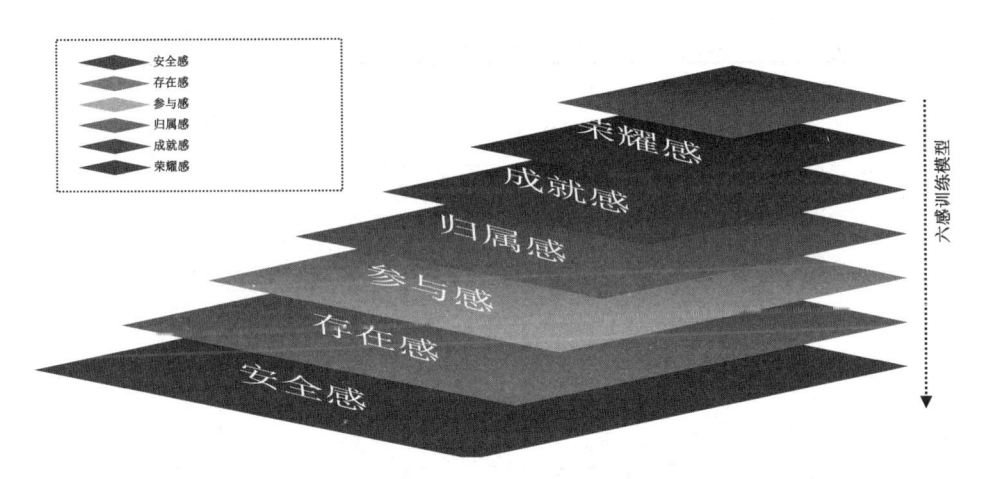

图 6-7 新时代六感激励模型

本节作业

制定自己学习的531转化表，解决学而不用转化问题。

学以致用的"531复盘承诺计划"

学习课程名称		授课讲师		学习时间	___年__月__日
我所收获到的5点					
理念类收获		方法类收获			工具类收获
1. 2. 3. 4. 5.		1. 2. 3. 4. 5.			1. 2. 3. 4. 5.
我所能运用到的3点					
1.（理念、方法、工具） 2.（理念、方法、工具） 3.（理念、方法、工具）					
我承诺回去立即使用的1点					
我选的是第_____点		如何将1点实施			自我宣言
就这点我的理解目标是：		步骤：			要点：	我承诺回去立即将学到的这点付诸实践，并与他人推广普及学习心得。 签名：

后　记

　　回顾一下本书中讲述的整个绩效管理体系。梦想链接梦想，变被动为主动，变执行到自行，变要求为需求，变奖惩为赋能，以及变终点为起点，刚好六元。对于整个绩效管体系的内容，我们除了讲述了很多定义、意义，还为大家提供了八张表格。从表一定梦想，表二定目标，表三定问题，表四定优劣，再到后面的表五定行动，表六定指标，表七定承诺，表八定起点，这几张表格在实战中也是非常好用，且清晰明了的。

　　最后，在本书结束之前，我再给大家几个建议，那就是工具表单可以成批量用，也可以单独用，但最好成套使用。比如改变整个企业的绩效考核流程，就需要组织高层的支持，团队的配合，中层的参与，那这样其实就可以将每个问题单拆开讨论，并使用成套表格梳理链接，最终融入绩效管理体系中。

　　当然，我们也可以对表格进行改良，使其更加符合自己的企业组织，以便使用起来更加得心应手。但还是建议先用原表，然后再去进行修改使用，否则可能会出现原来的思路还没打通贯穿，就又出现新问题的情况，而新问题还会引出其他更大的问题。

　　好了，到这里本书的内容就全部结束了，最后祝愿每位阅读、学习本书的朋友身体健康，阖家幸福。